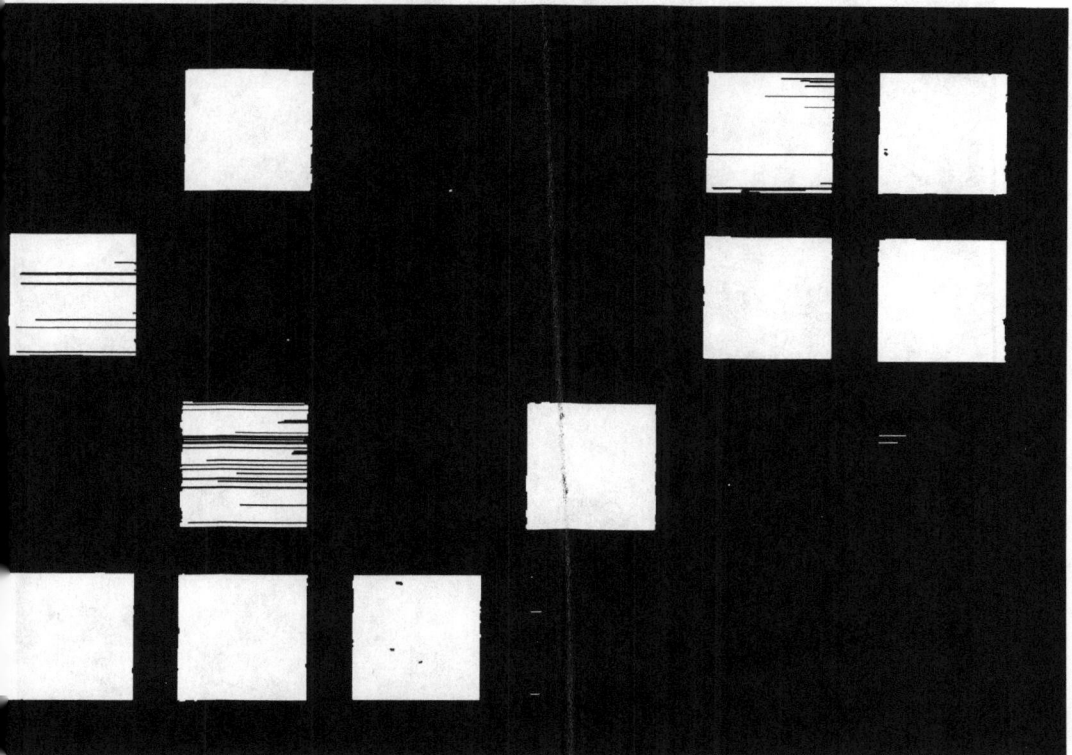

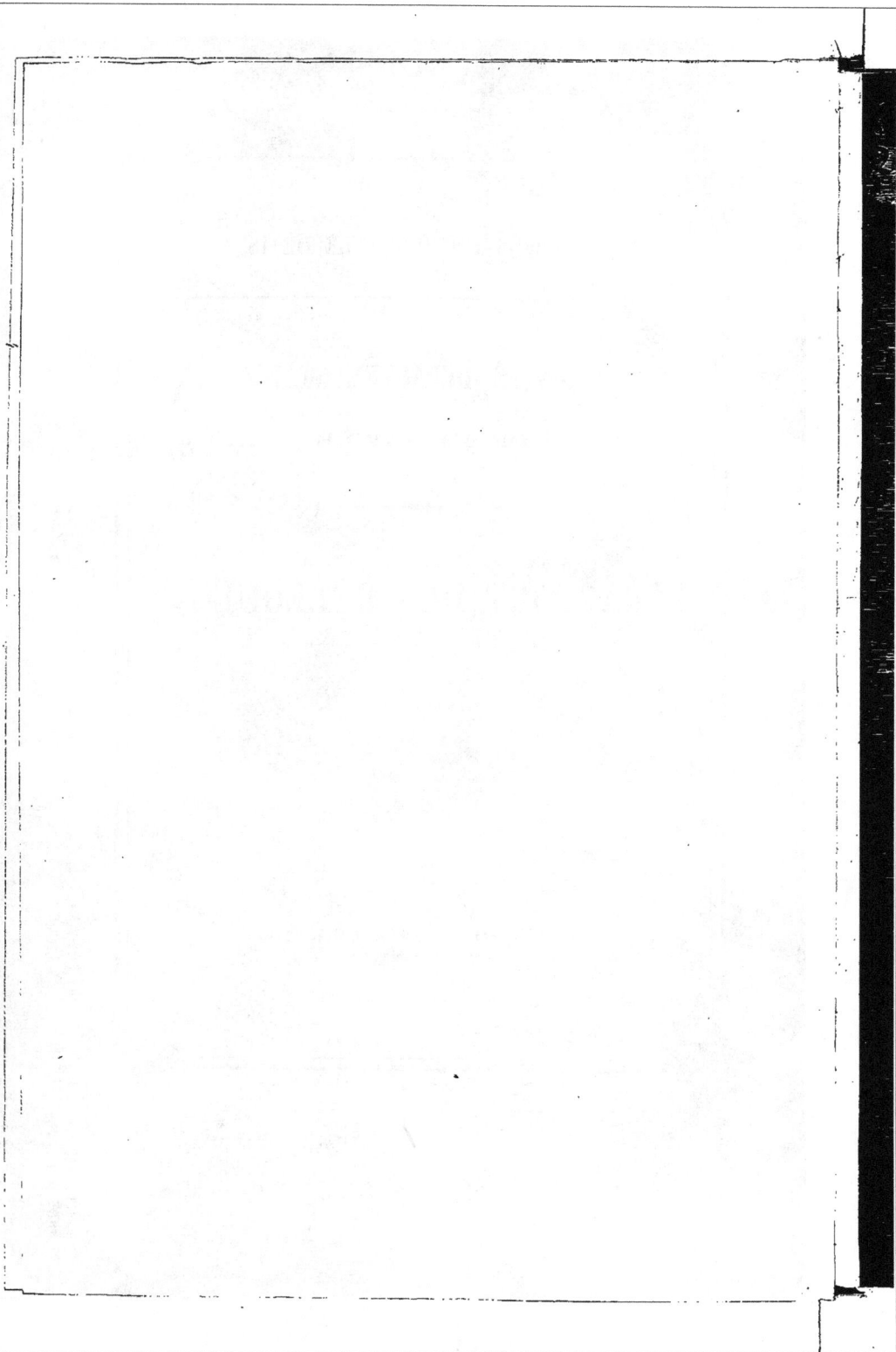

EXPOSITION UNIVERSELLE DE 1878

COMITÉ DÉPARTEMENTAL

DE LA SAVOIE

RAPPORT DES DÉLÉGUÉS

CHAMBÉRY
IMPRIMERIE CHATELAIN, SUCCESSEUR DE F. PUTHOD
24, RUE DU VERNEY, 24

1879

EXPOSITION UNIVERSELLE DE 1878

COMITÉ DÉPARTEMENTAL

DE LA SAVOIE

RAPPORT DES DÉLÉGUÉS

CHAMBÉRY

IMPRIMERIE CHATELAIN, 24, RUE DU VERNEY

1879

RAPPORT DES DÉLÉGUÉS

A L'EXPOSITION UNIVERSELLE DE 1878.

PREMIÈRE PARTIE

INDUSTRIE

L'Exposition universelle de 1878 est close dèpuis longtemps déjà, et nous venons conformément à la mission qui a été confiée aux Délégués du Comité départemental, publier le rapport que nous devons faire d'une part, sur l'effet général produit par l'Exposition de la Savoie, d'autre part sur les résultats obtenus par les exposants; enfin nous devons également signaler les produits, machines, appareils, inventions, qui nous ont paru au point de vue agricole ou industriel, intéresser l'avenir du pays ou convenir le plus à ses besoins.

Nous ne nous dissimulons point que la tâche qui nous est personnellement échue en ce qui concerne l'industrie, est des plus ingrates, et qu'il nous est bien difficile, pour ne pas dire bien présomptueux, de vouloir apprendre aux fabricants, aux industriels de toute sorte ce qui conviendrait le mieux. On doit supposer, en effet, qu'ils se tiennent en général au courant des progrès de la science et de la mécanique. Ce n'est donc point à ceux-là que nous nous adressons, mais à ceux dont l'éloignement des grands centres, la position de fortune ne permet point les longs et coûteux déplacements que peuvent entreprendre les plus privilégiés.

Aussi bien faut-il reconnaître que par la nature même de son installation, par le nombre si considérable d'exposants qui ont pris part à cette grande manifestation du génie universel, par la quantité des annexes, par leur situation même, la comparaison et l'étude des produits et appareils français ou étrangers étaient rendues singulièrement difficiles pour ne pas dire impossibles quelquefois, en raison de la dispersion des objets appartenant à une même classe.

Ce sera là une des critiques les plus méritées de l'Exposition de 1878, comparée avec celle de 1867.

De quelles difficultés n'ont-elles pas été entourées, en effet, les études comparatives auxquelles nous devions nous livrer, puisque nous avions quelquefois peine à retrouver les produits d'une même classe, appartenant à notre département, et qu'un exposant que nous pourrions citer n'a jamais pu voir ceux qu'il avait envoyés.

Il n'y a pas lieu de s'étonner si les opérations du Jury ont donné lieu souvent à de si vives et de si légitimes réclamations. En dehors de l'incompétence de certains jurés, en dehors de la difficulté d'études comparatives un peu atténuées, il est vrai, pour des hommes complètement versés dans les matières qu'ils avaient mission de juger, on peut supposer sans beaucoup de frais d'imagination qu'un grand nombre de produits ont échappé involontairement à leurs investigations.

Nous ne reviendrons pas dans ce rapport sur les nombreuses critiques qu'ont soulevées certaines dispositions applicables aux exposants.

Disons seulement que nous n'avons pas pu comprendre d'une part pour quel motif on n'a point permis aux

Délégués du Comité départemental de représenter les exposants près des membres du Jury. Ils avaient certainement une compétence et une autorité pour défendre les intérêts qui leur avaient été confiés, qui ne pouvaient en aucune façon porter ombrage aux membres du Jury, appelés simplement en définitive à écouter leurs explications sans qu'ils eussent à subir une pression quelconque de leur part.

Nous pourrions demander aussi pourquoi on a refusé à certains exposants, sans leur donner aucun motif, sans même répondre à leurs réclamations, les représentants fort honorables qu'ils avaient indiqués. Sans doute l'article 12 du règlement général en laissait la latitude au Commissariat général, mais évidemment cette faculté ne pouvait et ne devait s'exercer que dans le cas où les représentants des exposants auraient donné lieu à quelques critiques des actes qu'ils étaient appelés à remplir au nom de leurs mandants.

Personnellement, nous n'avons eu qu'à nous louer de l'urbanité et du bon vouloir du Directeur de la Section française et du personnel placé sous ses ordres, et si le Comité départemental n'a pas obtenu satisfaction sur certains points de détails, qu'il considérait comme avantageux aux intérêts des exposants, il faut reconnaître que les facilités qu'il sollicitait n'ont point été davantage accordées à d'autres.

Mais il est un fait qu'il faut retenir entre tous et sur lequel il faut insister, parce qu'il doit être un enseignement pour l'avenir.

C'est le prix exhorbitant auquel ont été taxés les exposants auxquels on promettait un emplacement gratuit, et qui ont dû acquitter sous prétexte d'installation de vitrines des plus ordinaires, pour ne pas dire des plus défectueuses, imposées par le Commissariat général, des taxes qui n'ont pu, malgré tout ce qui a été dit sur cette malheureuse question, éloigner l'idée d'une exploitation des plus maladroites et des plus arbitraires.

Si les produits envoyés par le département de la Savoie avaient pu être réunis tous ensemble, il n'y a aucun motif de douter qu'ils n'eussent très certainement attiré l'attention du public beaucoup plus que leur dissémination dans les 75 classes de l'Exposition ne l'a permis.

Peu de départements peuvent en effet compter un nombre d'exposants relativement aussi considérable, et moins encore, certainement, peuvent mettre à leur actif autant de collectivités que la Savoie.

Mais à défaut de l'appréciation d'un public dont nous n'avons pu que saisir quelquefois au hasard l'opinion favorable, nous avons au moins en grande partie celle des membres du Jury qui ont pris part aux travaux de la distribution des récompenses, et quelle que puisse être la valeur des critiques dont ces travaux ont été l'objet, nous n'avons pas dans l'ensemble d'autre base pour éclairer les exposants du département sur la valeur réelle et comparée de leurs produits.

Nous y ajouterons bien volontiers notre opinion personnelle, ayant toujours l'habitude de procéder en tout avec la plus entière impartialité, et si certaines choses peuvent et doivent être l'objet de notre critique, les exposants peuvent être assurés qu'elle sera entièrement bienveillante, et que c'est uniquement dans le but de leur être utile que nous la formulerons.

Les récompenses accordées aux exposants consistaient, on le sait, en grands prix, grandes médailles, diplôme d'honneur équivalant à une grande médaille, médailles d'or avec ou sans diplôme, médailles d'argent avec ou sans diplôme, médailles de bronze et mentions honorables.

Dans cette distribution, le département de la Savoie a été, on peut le dire, bien partagé.

Deux médailles d'or, neuf médailles d'argent dont quatre avec diplôme, vingt-une médailles de bronze et vingt-cinq mentions honorables ont été attribuées soit aux exposants individuels, soit au Comité départemental, et ces distinctions sont venues attester des efforts faits par tout le monde pour paraître dignement devant le Jury.

Mais il ne faut pas oublier que lors de l'exposition des animaux de races bovine, ovine, etc., le département avait déjà remporté 4 médailles d'or, 4 médailles d'argent, 4 de bronze et un objet d'art en porcelaine de Sèvres. Nous ne devons pas omettre non plus d'ajouter à toutes ces distinctions, les récompenses obtenues par les exposants indirects du département dont nous avons fait mention dans la 4e section de notre catalogue.

Ainsi l'administration des forêts a remporté dans la classe 43 (produits des exploitations et industries forestières) une médaille d'or avec diplôme, et dans la classe 51 (matériel et procédé des exportations rurales et forestières), un diplôme d'honneur équivalent à une grande médaille.

L'important établissement du Creuzot qui exploite depuis quelque temps les mines de Saint-Georges d'Hurtières a mérité deux grandes médailles, l'une dans la classe 33 (Produits de l'exploitation des mines et de la métallurgie), l'autre dans la classe 66 (Matériel et procédés du génie civil, des travaux publics et de l'architecture.)

L'institut général des frères de la doctrine chrétienne a obtenu une médaille d'or, et la maison Audibert et

Cᵗᵉ de Lyon, à laquelle appartient la belle fabrique de tissus de soie de Saint-Pierre d'Albigny, une semblable récompense.

Les deux médailles d'or ont été attribuées l'une à la Société centrale d'agriculture de Chambéry pour son exposition collective des vins de la Savoie ; l'autre à M. Turel propriétaire, pour ses vins de Montmélian.

Les 4 médailles d'argent avec diplôme ont été obtenues par l'Académie de Savoie pour la collection de ses mémoires et documents ; par le Comité départemental pour l'exposition des cartes géologique, industrielle et hydrologique, puis pour son exposition collective des eaux minérales du département. La chambre syndicale des entrepreneurs de Chambéry a mérité également une semblable récompense pour sa belle collection des pierres de construction et d'ornement du département.

Une médaille d'argent a été attribuée au ministère des travaux publics, mais elle revient en réalité à l'établissement d'Aix-les-Bains pour l'ensemble de son exposition, organisée par les soins des divers agents relevant de ce ministère.

Les autres médailles d'argent ont été obtenues par MM. Bal (François) pour ses cuirs de veau tannés et corroyés ; Vᵉ Chapot et fils pour ses peaux chamoisées et mégissées ; Valet (François) pour sa serrurerie artistique ; Vialet et Duret, pour leurs fromages façon gruyère.

L'espace nous manque pour énumérer toutes les autres distinctions, on les trouvera dans le cours de ce rapport pour lequel nous avons suivi le même ordre que dans le catalogue et à la fin du même travail par ordre alphabétique.

CLASSE 6

ÉDUCATION D'ENFANT. — ENSEIGNEMENT PRIMAIRE.
ENSEIGNEMENT DES ADULTES.

Les objets envoyés par les diverses écoles du département, classés par les soins de l'inspection primaire, ont été installés par les agents du ministère de l'instruction publique.

Ce département a obtenu un diplôme d'honneur, équivalant à une grande médaille pour l'ensemble de son exposition. C'était justice assurément, car il avait réuni dans la classe 6 les éléments les plus variés, les plus utiles, les plus remarquables à tous les titres de l'instruction primaire en France.

Mais les participants à cette exposition, on peut dire sans rivale, qu'ont-ils obtenu, rien que nous sachions jusqu'à présent. Nous n'avons point appris que les écoles communales ou les écoles libres du département de la Savoie, que l'école normale d'Albertville aient reçu un témoignage quelconque de satisfaction, une marque d'encouragement, quelle qu'elle fût.

Cependant l'inspecteur primaire de l'arrondissement de Chambéry avait réuni des travaux très intéressants des maîtres et des élèves, au nombre desquels on ne pouvait s'empêcher de remarquer le plan des diverses maisons d'école d'un grand nombre de communes, l'histoire de toutes ces écoles depuis leur fondation jusqu'à nos jours, les diverses phases par lesquelles elles avaient passé, les résultats qu'elles avaient obtenus, etc. On avait pu voir étalés sur les murs des galeries consacrées à la classe 6, des dessins de tout genre qui se faisaient remarquer, aussi bien sur le rapport de l'exécution que de l'idée qu'ils donnaient des méthodes employées pour arriver à un résultat aussi satisfaisant. Les ouvrages de couture envoyés également en grand nombre par les écoles libres ou communales de filles avaient attiré l'attention par leur variété, par le soin avec lequel l'instruction dans ce genre de travail était appropriée à la position sociale des enfants, qui recevaient les notions qui leur étaient nécessaires pour faire plus tard de bonnes ménagères, d'intelligentes mères de famille.

Sans doute tout n'était pas parfait, on a dû refuser des travaux qui n'avaient point réellement un mérite suffisant pour figurer dans une pareille exposition, on a pu constater que pour les plans en relief les teintes n'étaient point suffisamment fondues ; il y avait certainement matière à quelques critiques, mais en somme à côté de choses médiocres quelquefois, il y en avait de véritable valeur, et il est regrettable que les participants à ces belles choses en soient encore à se demander quels sont ceux qui ont été méritants, quels sont ceux qui ne l'étaient point.

CLASSE 8

ORGANISATION, MÉTHODES ET MATÉRIEL DE
L'ENSEIGNEMENT SUPÉRIEUR.

Expositions particulières des Institutions et Sociétés savantes.

Académie des sciences, belles lettres et arts de Savoie (Chambéry).

Médaille d'argent (Diplôme).

En prenant part à l'Exposition universelle, les quatre Sociétés savantes du département donnaient un exemple qui n'a été suivi que par un petit nombre de Sociétés françaises, tandis que les associations semblables étrangères étaient largement représentées. Et cependant le rôle des Sociétés savantes n'est-il pas de coopérer à l'organisation et aux méthodes de l'enseignement supérieur ?

L'Académie des sciences, belles lettres et arts de Savoie a obtenu pour la collection complète de ses mémoires et de ses documents une médaille d'argent avec diplôme. C'est à peu près la seule société savante des départements à laquelle ait été accordée une semblable récompense, et cependant elle était en concurrence avec des associations scientifiques importantes de Paris et avec des sociétés étrangères d'une notoriété et d'une valeur qui augmentent le prix de la récompense.

Les 32 volumes de mémoires et des documents qui résument tous les grands travaux historiques, archéologiques, littéraires, industriels de la Savoie sont une preuve de la vitalité de cette compagnie.

Société savoisienne d'histoire et d'archéologie (Chambéry).

Médaille de bronze.

Poursuivant un but plus défini, par suite plus restreint que l'Académie de Savoie, la Société savoisienne d'histoire et d'archéologie de Chambéry s'adonne, ainsi que l'indique son titre, plus spécialement aux recherches historiques et archéologiques qui intéressent la Savoie. Mais cette Société de formation plus récente que l'Académie de Savoie, n'en a pas moins rendu de signalés services à l'histoire locale, et c'est à juste titre que le jury voulant encourager ses utiles travaux et ses persévérants efforts dans la voie qu'elle s'est tracée, lui a décerné une médaille de bronze.

CLASSE 9

LIBRAIRIE.

M. A. Perrin, libraire à Chambéry.

Mention honorable.

Le catalogue officiel de l'exposition nous fait connaître que les produits exposés dans la classe 9, y sont considérés uniquement au point de vue de l'exécution matérielle en tant que produits fabriqués. Le soin d'apprécier le mérite de ceux qui fournissent les outils ou les matières premières à cette production a été réservé à d'autres classes. La même restriction s'applique aux jugements à porter sur la valeur des livres, aussi bien que sur l'utilité de leur publication.

Si ces considérations avaient été indiquées au début de l'exposition, le Comité eût peut-être choisi un autre mode pour faire apprécier la valeur des ouvrages imprimés en Savoie, que M. Perrin a exposé dans la classe 9, et pour lesquels il a obtenu une mention honorable.

Tout en se plaçant au point de vue du Jury et en ne recherchant que la valeur de l'exécution matérielle, les imprimeurs de la Savoie ont tenu un rang honorable en étant traités comme l'imprimerie nationale d'Espagne, la commission centrale de Grèce, l'imprimerie de la Société littéraire de Finlande, l'imprimerie du Mémorial des ingénieurs d'Espagne, l'imprimerie du dépôt de la guerre d'Espagne, la librairie de la Société bibliographique de France, la Société centrale d'architecture de Belgique, la Société d'encouragement pour la propagation des livres d'art de France et tant d'autres qu'il serait trop long d'énumérer.

CLASSE 15

INSTRUMENTS DE PRÉCISION

M. Sanguet à Aigueblanche

(Médaille d'argent).

L'exposition de M. Sanguet a été faite en dehors de l'action du Comité. Cependant il convient de constater qu'il a obtenu une médaille d'argent pour un nouveau tachéomètre.

CLASSE 16

CARTES ET APPAREILS DE GÉOGRAPHIE
ET DE COSMOGRAPIE

Comité départemental de la Savoie.
Médaille d'argent (diplôme).

Le Jury de la classe 16 ne s'est évidemment pas ins-
piré des mêmes idées que celui de la classe 9. Il n'a
point eu certainement en vue de récompenser uniquement le plus ou moins d'habileté dans la main d'œuvre
et on doit supposer, en effet, en comparant les résultats
obtenus par les deux exposants de cette classe, qu'il a dû
considérer au moins autant l'idée nouvelle qui avait
présidé à l'exposition faite par les soins du comité départemental, que l'exécution matérielle qui, pour deux
d'entre elles avait été faite très rapidement en raison
du peu de temps que l'auteur, secrétaire du Comité avait
eu à sa disposition. On est d'autant plus fondé dans cette
opinion que la belle carte géologique de la Savoie due
aux savants travaux de MM. Lory, Pillet et Vallet et sortie
des ateliers de M. A. Perrin qui n'a obtenu pour les diverses cartes qu'il a exposées qu'une mention honorable.

A. Perrin, imprimeur-lithographe, Chambéry
Mention honorable.

Cartes géographiques des deux départements.

Nous avons exposé plus haut les motifs qui nous faisaient penser à quel point de vue le jury de la classe 16

s'était placé pour l'appréciation des objets qui étaient soumis à son contrôle.

Nous ne pouvons pas expliquer autrement la différence avec laquelle ont été traités les deux exposants de la Savoie.

Les cartes exposées par M. A. Perrin se rapportaient aux deux départements, elles avaient à leur actif, une exécution irréprochable, une fidélité parfaite qui les fait rechercher partout.

En consultant le catologue des récompenses, on peut se rendre compte que cet exposant était en concurrence avec de nombreuses sociétés savantes de la France et de l'étranger qui ont obtenu la même distinction.

CLASSE 17

MEUBLES DE LUXE ET A BON MARCHÉ

MM. Galthier et Janin Frères.

Bien que ces deux exposants n'aient point été médaillés, nous ne pouvons laisser passer leurs produits sans nous y arrêter un instant, parce que pour l'un d'eux, M. Janin, il y a un enseignement qui doit porter plus haut et plus loin. Nous savons en effet que le Jury, tout en rendant justice à la parfaite exécution du travail de M. Janin, a fait à son meuble le reproche de n'avoir point un style suffisamment déterminé et défini, d'appartenir à diverses époques de l'art qui s'y confondaient de manière à nuire à l'ensemble, enfin de manquer d'harmonie dans certaines proportions, qui n'avaient point été suffisamment observées.

Mais il est bon d'ajouter que l'administration de l'exposition voulant reconnaître les efforts qui avaient été faits, non sans quelque succès par ces deux exposants, a décidé que les meubles de MM. Galthier et Janin seraient achetés par la Commission de la loterie nationale, et ils ont formé deux lots qu'on aura été heureux de gagner.

CLASSE 34

SOIES ET TISSUS DE SOIES

Mes Fanny Martin-Franklin et Cie

Médaille de bronze (Rappel).

Le catalogue des récompenses indique au nom de cet exposant médaille de bronze (rappel). On a constaté dans l'ensemble de l'exposition de cette classe, que depuis 1867, l'industrie de la soie, arrivée déjà à un haut degré de perfection, a eu peu de chose à changer à ses procédés et qu'il n'y a pas eu de progrès généraux à signaler. Il en a été de même pour les gazes de Chambéry qui se maintiennent dans les mêmes conditions de bonne fabrication, de dessin, de couleur, tout en sachant faire les concessions que réclame la mode.

CLASSE 36

DENTELLES, TULLES, BRODERIES ET PASSEMENTERIES.

Pensionnat des Dames Marcellines de Chambéry

Médaille de bronze.

Portés au catalogue dans la classe 6 (instruction primaire), les objets envoyés à Paris par les dames Marcellines de Chambéry ont été avec raison classés par le Jury dans les broderies.

La beauté du travail, la finesse de l'exécution, la délicatesse de la broderie enlevaient en effet à ces travaux le caractère d'un enseignement primaire. Nous avons été heureux de constater que le Jury avait rendu justice aux qualités que nous nous étions efforcés de mettre en lumière dans le catalogue.

CLASSE 38

HABILLEMENTS DES DEUX SEXES.

Meffret, bottier à Chambéry.

Mention honorable.

M. Meffret a obtenu une mention honorable pour ses chaussures. C'était justice, on ne pouvait s'empêcher de reconnaître, malgré la concurrence que lui faisait la cordonnerie de Paris, toutes les qualités d'exécution qui distinguaient les bottes et bottines qui décoraient sa vitrine.

2

Lacroix, officier en retraite à Albertville.

Médaille de bronze.

Dans la vitrine de M. Meffret on voyait exposées une paire de bottes et une paire de brodequins pour chaussure militaire. Ils avaient été confectionnés sous l'inspiration de M. Lacroix, officier en retraite à Albertville, qui s'occupe sérieusement de la recherche de la meilleure chaussure pour l'armée, son ancienne famille.

Le Jury a voulu donner un juste encouragement à M. Lacroix; et lui a décerné une médaille de bronze.

Comité départemental.

Médaille de bronze.

Récompense obtenue pour les costumes populaires de la Tarentaise et de la Maurienne, qui ont attiré un grand nombre de curieux dans le pavillon spécial qui était destiné à cette annexe de la classe 38, et que l'on peut voir maintenant au Musée départemental de Chambéry.

CLASSE 43

PRODUITS DE L'EXPOSITION DES MINES ET DE LA MÉTALLURGIE.

Comité départemental.

Mention honorable.

Deux départements seulement avaient eu l'idée de faire

connaître leurs richesses au point de vue de l'exploitation des mines, celui des Pyrénées-Orientales et celui de la Savoie.

Malheureusement l'emplacement était si peu convenable pour faire valoir les produits de la Savoie, qu'une partie de ses richesses a dû passer inaperçue. Le Jury, tenant compte de l'idée qui avait présidé à cette exposition, lui a décerné une mention honorable.

Boulangier, Ingénieur à Lyon.

Mention honorable.

Récompense obtenue pour l'exposition des minerais de fer de Saint-Hugon, qui ont été l'objet d'une exploration spéciale en 1873, de travaux de recherche et d'une demande de concession qui a été obtenue en 1874.

On peut espérer que la récompense obtenue par les minerais de Saint-Hugon dont tout le monde en Savoie connaît la bonne qualité, sera de nature à faire reprendre l'exploitation de ces mines d'une manière fructueuse pour le pays.

Nous ne pouvons terminer ce qui concerne la classe 43, sans parler de l'exposition du Creuzot, qui comprenait entre autres choses intéressantes, le plan en relief de l'exploitation de la montagne de Saint-Georges d'Hurtières, et de ses mines de fer.

La Savoie peut hardiment revendiquer une part dans la grande médaille que cet important établissement a obtenue dans cette classe.

fisante et satisfaisante des ressources multiples que la science thérapeutique trouve dans l'application de ces sources bienfaisantes.

Le ministère des travaux publics a reçu une médaille d'argent qui revient en réalité à l'Etablissement d'Aix.

Société de la Tarentaise.
Médaille de bronze.

La Société de Tarentaise a obtenu une médaille de bronze pour l'exposition des eaux minérales de Brides et de Salins.

C'est une juste récompense des efforts qu'elle a faits pour mettre ses nouveaux établissements à la hauteur des besoins du public et de la renommée de ses eaux.

Compagnie fermière des eaux de Challes.
Mention honorable.

Cette Société, tout récemment formée, s'est cependant affirmée déjà par une exploitation sérieuse et par des travaux qui doivent faire présager un bel avenir pour la station de Challes, l'une des sources sulfureuses les plus actives, les plus remarquables, par ses propriétés curtives des affections de la peau.

La distinction obtenue à l'Exposition universelle est, pour la Société des Eaux de Challes, un précieux encouragement, et nous avons l'assurance qu'elle ne s'arrêtera pas là.

Reverchon-Chamussy, la Bauche.
Mention honorable.

Comme la Société des Eaux de Challes, les eaux de la Bauche ont obtenu une mention honorable seulement.

Elles avaient été mieux traitées dans les autres expositions auxquelles elles avaient été admises, notamment à celle de Vienne, où elles avaient obtenu une médaille de mérite équivalent à une médaille d'argent. Elles ont été placées sur le même rang que les sources de Marcols, Forges-les-Eaux, Enghien, les Eaux-Chaudes, Condillac, Cambo, Bourbon-Lancy et Bagnères-de-Bigorre.

CLASSE 49

CUIRS ET PEAUX.

Les produits de la classe 49 se divisaient à l'Exposition en 9 catégories : 1º Cuirs tannés, comprenant les cuirs forts pour semelles et les cuirs à œuvre pour le corroyage.

2º Cuirs corroyés pour chaussure, sellerie, machines, etc.

3º Cuirs vernis noirs et de couleurs.

4º Peaux de chèvre et de moutons, maroquinées où teintes, pour chaussures, reliure, carosserie etc.

5º Peaux mégissées pour chaussures, ganterie, etc.

6º Peaux chamoisées.

7º Peaux chagrinées pour bourreliers.

8º Peaux parcheminées.

9º Articles de boyauderie.

On a constaté ce fait que nous reproduisons plus loin à l'occasion de la classe 53, que le travail mécanique progressait tous les jours ; non-seulement il est appliqué aux travaux préliminaires de la tannerie et de la corroierie (travail de rivière, etc.), mais aussi à plusieurs opérations délicates, telles que le ponçage, le lustrage, l'égalisage et le quadrillage des peaux. Mais il a été établi aussi que le travail manuel était néanmoins plus usité encore, surtout dans les opérations du finissage.

Les études faites dans la classe 49 ont fait également remarquer que les petites fabriques tendent à disparaître au profit d'usines largement agencées et disposant de grands capitaux. Nous avions déjà signalé ce fait dans notre ouvrage de la Savoie Industrielle.

Il ressort également que de grands efforts ont été tentés par les industriels pour perfectionner leur fabrication et résister à la concurrence étrangère. Cependant aucun procédé nouveau n'est à signaler, on ne peut mentionner ainsi que nous venons de le dire, que l'application sans cesse croissante des moyens mécaniques aux diverses phases de la fabrication et quelques essais de tannage accéléré.

Mais en regard de ces procédés qui n'ont encore donné que peu de résultats vraiment satisfaisants, nous devons indiquer que la tannerie belge, qui jouit d'une réputation justement méritée, et en particulier les fabriques renommées de Stavelot doivent leur prospérité aux propriétaires qui sont pour la plupart restés fidèles aux anciennes et bonnes méthodes de tannage et qui leur assurent un fructueux débouché à l'étranger.

Ce sont ces anciens procédés qui ont fait jusqu'à présent la renommée des tanneries de la Savoie, et il est

vivement à souhaiter qu'on ne s'en écarte point dans
l'intérêt même du pays.

Le département de la Savoie était représenté à l'Exposition universelle par deux tanneurs et un chamoiseur.

Deux de ces industriels ont obtenu des récompenses.

Bal François et Fils.

Médaille d'argent.

Après avoir été déjà récompensée aux premières Expositions auxquelles elle prenait part la première fois à Lyon,
la seconde à Vienne, la maison Bal a obtenu à celle de
Paris en 1878, une médaille d'argent que justifie pleinement la belle fabrication de ses cuirs, leur souplesse, leur
bonne qualité, que les gens compétents ont pu admirer
au Champ de Mars où ils se trouvaient en présence des
produits sortant des tanneries les plus anciennes et les
plus renommées de la France et de l'Etranger. Si le
nombre des médailles d'or n'avait pas été aussi limité,
nous sommes persuadés que le Jury en eut décerné une
à cette importante maison et ce n'eut été que justice.

Veuve Chapot et Fils.

Médaille d'argent.

Les produits de cette maison ont été appréciés aussi
favorablement qu'aux Expositions de Vienne et de Lyon.
Le Jury leur avait accordé le plus haut coëficient, qui

était cinq, c'est-à-dire le plus près possible de la médaille d'or, qu'ils eussent obtenue sans aucun doute de
l'aveu même des membres du Jury, s'ils avaient pu dis-
poser d'un plus grand nombre de ces distinctions. Force
leur a été d'accorder à la maison Chapot une médaille
d'argent, ce qui est encore une distinction très flatteuse,
si l'on considère le grand nombre de concurrents qu'ils
avaient parmi les fabricants français et étrangers.

Un journal spécial, la *Halle aux Cuirs*, dit: « Les cha-
mois blancs pour ganterie militaire, de la maison veuve
Chapot et fils, de Chambéry, sont sans contredit les
mieux compris dans ce genre d'article, qui est traité par
elle avec une grande supériorité. »

« Nous reparlerons des autres articles de cette maison, qui est bien connue et déjà honorée de plusieurs
médailles à diverses expositions. »

CLASSE 51

MATÉRIEL ET PROCÉDÉ DES EXPLOITATIONS RURALES

Comité départemental.

Médaille d'argent.

Cette distinction a été accordée au Comité départemental pour la belle carte du colmatage de l'Isère,
dressée par les soins de l'administration des Ponts-et-
Chaussées du département.

C'est donc à ce service que reviennent les justes élo-
ges que provoque cette récompense et nous sommes
heureux de pouvoir, dans ce petit compte-rendu, les leur
transmettre, persuadé que le Comité tout entier s'asso-
ciera à cette manière de voir.

Nous avons nous-même installé la carte de colmatage et nous avons reçu du président de la classe 51, un témoignage de satisfaction pour ce beau travail qui a été par son ordre, placé dans un endroit où tout le monde pouvait en prendre connaissance.

CLASSE 53

MATÉRIEL DES ARTS
DE LA CHIMIE, DE LA PHARMACIE, DE LA TANNERIE

Masson (François)
Mention honorable.

Une machine à faire les mottes d'écorce.

Nous avons décrit d'une manière détaillée dans le catalogue (page 195) la machine inventée et exposée par M. Masson (François), machine qui venait combler une lacune existant depuis longtemps dans l'industrie de la tannerie.

Nous avons vu fonctionner une fois cette machine devant un assez nombreux public qui paraissait s'intéresser sérieusement à la fabrication de ces mottes d'écorce qui sortaient toutes fabriquées de l'appareil en question.

Nous savons que M. Masson a vendu un certain nombre de ses machines à Paris, en Italie et en Espagne. Nous regrettons de ne pas voir dans la nomenclature des grandes maisons de tannerie le nom des industriels importants de Savoie qui utilisent leurs écorces pour les convertir en mottes à brûler.

Cela vient-t-il de ce que « nul, dit le proverbe, n'est

prophète dans son pays. » Nous aurions désiré cette fois voir mentir le proverbe et nous ne pouvons qu'engager sérieusement les industriels, dont nous venons de parler, à étudier attentivement la Machine de M. Masson dont ils seront sans doute très satisfaits dès qu'ils la connaîtront bien.

Le jeune inventeur a été récompensé de ses recherches et de ses travaux par une mention honorable. C'est un encouragement pour lui à persévérer dans la voie où il s'est engagé.

Nous avons vu figurer également à l'exposition deux autres machines destinées à produire mécaniquement les mottes d'écorces. L'une est due à M. Picheloup de Pointis-Isnard, (Haute-Garonne), l'autre à M. Lutz, fabricant à Paris. Mais elles ne nous ont point paru offrir d'avantages sérieux sur celle de M. Masson.

Un fait à remarquer, c'est que le matériel et l'outillage de la tannerie et de la mégisserie ont été complètement modifiés depuis quelques années et qu'ils tendent de jour en jour à se transformer davantage encore.

L'innovation la plus intéressante, celle dont on rencontre à chaque pas à l'Exposition universelle des preuves nombreuses est certainement la substitution presque générale aujourd'hui du travail mécanique au travail manuel. Si l'on se reporte au catalogue de l'exposition de 1867, on peut voir que les exposants de cette catégorie ont plus que doublé.

Pour ne parler que des plus importants, citons le matériel de tannerie et de mégisserie de la maison Bérendorf fils, de Paris; la machine à sécher la tannée qui a paru aux expositions de 1867 à Paris et de 1872 à Lyon, la machine à drayer les peaux de M. Bréval de Paris; les machines outils pour le buttage, le lissage et le lustrage des peaux, inventées par M. Dorgé-Henzé de Coulom-

miers; les machines à travailler les peaux de veau de M.
Gallien de Paris; le marteau à battre les cuirs, la machine à fendre et à lisser les cuirs de M. Komgen à
Paris; la machine à palissonner et ouvrir les peaux
mégies de M. Leblanc et Cie de Paris; la machine à travailler les cuirs en rivière de M. Ott à Paris; la machine
à mettre au vent, à rebrousser les cuirs de M. Tourin de
Paris.

On a pu remarquer aussi l'introduction dans les foyers
de générateurs à vapeurs, des dispositions qui permettent l'emploi comme combustible de la tannée, résidu
encombrant et presque sans valeur et qui a puissamment
contribué à l'adoption des moteurs à vapeur, qui action-
nent des machines outils très variées et très ingé-
nieuses.

Mais il est bon de faire observer aussi que tout ce mouvement de progrès s'est concentré en France, et qu'à part
l'Angleterre qui a exposé quelques rares instruments
pour tanneurs, aucun des pays européens ou des nations
extra-européennes n'est représenté dans la classe 53.

Nous ne devons pas passer non plus sous silence, les
efforts que l'on fait chaque jour pour perfectionnner les
appareils à couper le bois de chataignier afin de le faire
servir au tannage des peaux. On a pu voir au Champ-de-
Mars, dans la classe 53, quelques appareils ingénieux
inventés dans ce but, mais aucun d'eux n'a encore donné
un résultat complétement satisfaisant. Tous, dès que le
bois est seulement un peu humide, le noircissent par le
contact du fer, et plus tard les cuirs sont tachés en noir
ce qui est défavorable pour la vente.

Pour terminer, disons aussi que, dans l'Exposition de
la Guyanne, nous avons remarqué le *mora excelsa*, dont
l'écorce est propre à la tannerie, et dans les vitrines de
la République argentine, le *quebracho*, dont le bois, ré-

duit en sciure, sert au tannage des peaux. Le bois renferme 12 % et les feuilles 25 % de tannin.

CLASSE 60

MATÉRIELS ET PROCÉDÉS
DE LA PAPETERIE, DES TEINTURES, ETC.

Horteur à Saint-Rémy.
Mention honorable.

Les récompenses accordées à cette classe ont été peu nombreuses, et un grand nombre d'industriels méritants n'ont pu recevoir que des mentions honorables, alors qu'ils eussent été dignes cependant d'une plus haute distinction. M. Horteur eût été dans ce cas par la bonne installation de son usine qui est fournie des appareils les plus nouveaux.

Nous n'avons à signaler, dans cette industrie qui pourra prendre un utile développement dans le département qui compte déjà 2 fabriques de pâtes à papiers, en fait d'appareils nouveaux qui ont déjà été introduits dans quelques usines, qu'un *épurateur rotatif*, [exposé par M. H. Watson à Newcastle-on-Tyne et dont le travail est parait-il bien supérieur à celui des épurateurs ordinaires; le second est une *calandre* venant d'Autriche et dont l'usage commence à se répandre en France.

CLASSE 66

MATÉRIEL ET PROCÉDÉS DU GÉNIE CIVIL, ETC.

Chambre syndicale des entrepreneurs de Chambéry.

(Médaille d'argent et diplôme.)

Pierres de construction et d'ornement.

A peine fondée depuis 2 ans, la Chambre syndicale des entrepreneurs de Chambéry a débuté d'une manière brillante à l'Exposition de 1878.

Nous disions dans le catalogue, à l'occasion des objets envoyés dans la classe 66, que nous étions assurés qu'en dehors de la valeur intrinsèque de la collection, le jury ne trouverait pas de personnalité plus digne de récompense que cette jeune société si heureusement dirigée par son président.

Nos prévisions n'ont point été trompées, et nous avons été heureux de voir que le jury, appréciant les efforts de la Chambre syndicale, lui a accordé une médaille d'argent avec diplôme.

Et cependant la Chambre était en concurrence avec de puissantes et anciennes associations de France et de l'étranger.

Un organe de la presse parisienne, spécialement consacré aux travaux du bâtiment, s'exprimait ainsi dans son numéro du 20 octobre 1878: « Nous nous permettrons d'arrêter un instant le lecteur dans sa course à travers l'Exposition universelle, pour signaler particulièrement à son attention une mesure qui nous a paru ne pas devoir être laissée inaperçue. L'initiative de cette mesure revient à la Chambre syndicale de Chambéry qui n'a que

2 ans d'existence, et nous voulons lui en attribuer tout l'honneur. Cette Chambre a eu l'heureuse pensée de faire figurer à l'Exposition une collection de 80 échantillons des pierres de construction et des marbres provenant des carrières du département de la Savoie, qui se trouvent dans des conditions d'exploitation possible.

Les échantillons exposés sont taillés de différentes façons et polis, ce qui montre les divers emplois industriels dont ils sont susceptibles, » (Le Bâtiment 20 octobre 1878).

Nous n'avons pas besoin d'ajouter que le comité s'associe pleinement à ces paroles si justes, si désintéressées et si encourageantes. Nous ajouterons encore que 3 départements seulement avaient eu l'idée de faire représenter les richesses de leur sous-sol, ceux de la Manche, du Finistère et de la Savoie qui était de beaucoup le plus complet.

Société civile des ardoises de Cevins.

Médaille de bronze.

Nous avons fait ressortir dans le catalogue tout le mérite des ardoises de Cevins, dont la réputation n'est plus à faire en Savoie, mais qui sont peu connues en dehors des départements limitrophes.

Leur durée, leur conservation, leurs qualités les mettent sur la même ligne que celles d'Angers et les meilleures des pays étrangers, et, à ce titre, elles eussent mérité mieux que la modeste récompense qui leur a été attribuée. Mais évidemment, le jury tout en rendant justice à leurs bonnes qualités n'a pu s'empêcher de remarquer la faiblesse de production de cette Société, le prix élevé de ses produits qui en limite forcément l'écoulement, et c'est sans nul doute en se basant sur ces considérations, qu'il n'a cru devoir accorder à cette Société qu'une médaille de bronze.

Charvoz Chrysostome, à Saint-Julien.
Médaille de bronze.

Récompense obtenue pour les ardoises de Saint-Julien bien travaillées et préparées dans les carrières qui se trouvent sur le territoire de cette commune.

Christillin frères et Cie.
Médaille de bronze.

Les produits exposés, sortis de l'usine de MM. Christillin frères, ont attiré l'attention des personnes compétentes. On a surtout remarqué les sulfates de plâtres qui ont fixé les appréciations des membres du jury, et ont fait décerner aux exposants une médaille de bronze pour la beauté et la bonté de leurs produits.

Mines et usines de Saint-Michel et Sordières.
Médaille de bronze.

La chaux hydraulique des usines de Saint-Michel et Sordières avait obtenu les certificats les plus honorables des ingénieurs du corps royal du génie civil du port de Gènes. Le jury a confirmé ces appréciations favorables en accordant à cette compagnie une médaille de bronze. C'est un juste encouragement pour elle.

3

Vallet François.

Médaille d'argent.

Serrurerie artistique en fer forgé et ciselé.

Le jeune Vallet a obtenu du jury une médaille d'argent pour divers objets composant son exposition de serrurie artistique. De tous ces objets celui qui a le plus vivement attiré l'attention du public est sans contredit la pendule en fer et acier forgé et ciselé. Nous en avons donné la description dans le catalogue. Eh bien ! c'est assurément l'objet le moins artistique, au point de vue de l'art proprement dit, de toute l'exposition de M. Vallet.

Ce jeune homme (il n'a que 18 ans) a fait une œuvre prodigieuse de patience, sa pendule composée de plus de 2000 pièces qui peuvent toutes se démonter, dénote une grande adresse manuelle, mais il serait bien difficile de définir à quelle époque, à quel style elle peut appartenir.

Nous pouvons le lui dire hardiment parce que c'est dans son intérêt et que nous n'avons pas hésité à l'encourager dans son dessein d'exposer ; son travail pêche essentiellement par la base, c'est-à-dire par une absence complète des principes fondamentaux de l'art industriel décoratif, conséquence naturelle de l'absence d'instruction première professionnelle.

Que Vallet ne craigne donc pas d'en revenir au rudiment, il en est temps encore ; plus tard il ne le pourra plus.

Le jury en lui accordant une médaille d'argent, la commission de la loterie nationale en lui achetant quelques objets exposés, ont voulu lui témoigner qu'ils prenaient acte des dispositions remarquables qu'il accusait pour un art qui, depuis quelques années, tend à reprendre une certaine faveur.

Nous nous associons de tout cœur à la décision du jury, mais nous disons en toute sincérité à François Vallet : étudiez les principes de l'art, pénétrez-vous bien des beaux modèles de la Renaissance et du siècle de Louis XV, comparez et ne craignez pas de travailler en commençant par le commencement.

Comité départemental de la Savoie.
Mention honorable.

Récompense obtenue par le Comité pour l'exposition des vues photographiques des principaux travaux d'art (Ponts, routes, etc.) exécutés depuis l'annexion dans le département de la Savoie par le service des ponts-et-chaussées.

En terminant ce chapitre, mentionnons les machines à fabriquer les briques et les tuiles qui sortent des usines de M. Joly, à Blois, et qui nous ont paru remplir les meilleures conditions pour ce genre de fabrication.

Nous citerons notamment, comme pouvant convenir au département, une machine à étirer, petit modèle, moulant 800 briques à l'heure et marchant avec une force de 4 à 6 chevaux-vapeur.

Deux machines à étirer, mues par manége inhérent au bâti ou détaché ; un four à feu continu, qui peut s'appliquer aux plus petites tuileries et qui brûle indistinctement du bois, de la houille ou tout autre combustible à longue flamme ; une machine spéciale pour le moulage mécanique des tuiles plates sans emboîtement, et qui produit de 10 à 15,000 tuiles par jour.

CLASSE 71

CORPS GRAS ALIMENTAIRES, LAITAGE, ŒUFS.

MM. Viallet, Ducret, de Beaufort.
Médaille d'argent.
(Voir la partie du rapport relative à l'agriculture.)

CLASSE 72

VIANDES ET POISSONS, CONSERVES.

L. Reynaud, Chambéry.
Mention honorable.

Récompense trop modeste pour un produit culinaire de toute première qualité, d'un goût fin et délicat, d'une préparation des plus faciles. Les grives et les allouettes conservées de M. Reynaud méritaient une dégustation plus sérieuse.

CLASSE 74

LIQUEURS SUCRÉES

J. P. Comoz, Chambéry.
Mention honorable.

Récompense accordée à une fabrication sérieuse, ir-réprochable, méritée par la bonne qualité et de prix abordable à toutes les bourses des produits exposés et qui sont un spécimen exact de l'industrie de M. J. P. Comoz.

CLASSE 75

BOISSONS FERMENTÉES.

Société centrale d'agriculture.
Médaille d'or (diplôme).

Exposition collective des divers vins du département.

M. Turrel, Montmélian.
Médaille d'or.

Vins fins de Montmélian.

Mme veuve Dolin, à Chambéry.
Médaille de bronze.

Vermouth.

M. J.-P. Comoz, à Chambéry.

Mention honorable.

———

Vermouth.

———

M. Magnin, à Yenne.

Mention honorable.

———

Vermouth.

———

(Voir l'article vins à la partie concernant l'agriculture.)

SECONDE PARTIE

AGRICULTURE

Les délégués du Comité départemental de la Savoie ont reçu l'honorable mission de représenter à l'Exposition universelle les intérêts de nos exposants, puis de rechercher dans cette grande exhibition ce qui pourrait intéresser ceux qui ne l'ont point visitée.

Nous allons essayer, pour ce qui concerne l'agriculture, de répondre aux intentions du Comité.

En jetant un coup d'œil d'ensemble sur l'exposition agricole réunie au Champ-de-Mars, nous devons reconnaître que M. le Ministre de l'agriculture et du commerce, qui en a été le promoteur, n'a rien négligé pour que l'agriculture française occupât un rang distingué au milieu des nations conviées à se mesurer avec elle.

Aussi ce n'est pas sans étonnement que nos invités ont reconnu les progrès réalisés depuis 1867 dans cette branche si importante de la richesse de la France.

Rien ne manquait à cette intervention presque nouvelle de l'agriculture dans une exposition internationale universelle.

On trouvait en effet, au Champ-de-Mars, les démonstrations théoriques et pratiques de tous les faits, de tous les instruments, de toutes les machines, de toutes les sciences, qui prêtent leur puissant appui à l'agriculture pour la faire prospérer et pour l'amener à obtenir un service rémunérateur des capitaux qui lui sont confiés.

C'est dans les congrès du Trocadéro que s'est affirmée l'utile intervention de la science dans les opérations agricoles.

Ces congrès se sont succédé presque sans interruption. Nous avons eu, intéressant directement l'agriculture, le congrès international de la Société des agriculteurs de France, celui de la Société protectrice des animaux, le congrès vétérinaire, le congrès de l'industrie laitière, le congrès d'apiculture et d'insectologie, enfin le congrès séricicole.

Comme démonstrations pratiques, on avait réuni dans la belle galerie du quai d'Orsay, dans les classes 73, 75 du palais du Champ-de-Mars, des expositions permanentes individuelles ou collectives de toutes les machines, de tous les produits agricoles d'une exploitation, d'une région ou d'un département.

Les machines d'intérieur et d'extérieur de ferme ont été expérimentées avec soin, et chaque visiteur a pu se rendre compte de leur utilité, des services qu'elles rendent journellement à l'agriculture.

Il n'est pas d'agriculture possible sans l'intervention des animaux domestiques ; les expositions temporaires de l'Esplanade des Invalides ont répondu à ce besoin, et nous ne sachions pas qu'en aucun pays on ait jamais réuni un plus bel ensemble des reproducteurs des espèces chevaline, bovine, ovine, porcine et de volaille.

On voit par ce qui précède que l'agriculture a dû être satisfaite de la part qui lui a été faite.

Il en a été de même de l'horticulture, de l'arboriculture fruitière et ornementale, de la floriculture; les unes et les autres avaient de remarquables représentants dans les jardins du Champ-de-Mars et du Trocadéro;

dans d'innombrables serres, dans les expositions temporaires de fleurs, de fruits et de légumes de saison,
dont les concours se sont renouvelés sans interruption
du 1er mai au 31 octobre.

Il y aurait beaucoup à dire sur chacune de ces expositions, sur la plupart de ces congrès, mais la place qui
nous est réservée dans cette publication nous oblige à
regret à nous occuper des seules spécialités trouvant
des applications en Savoie.

En suivant cet ordre d'idées, nous resteindrons notre
compte-rendu :

1° A l'étude de l'exposition temporaire des animaux
vivants ;

2° A l'exposition et au congrès des produits laitiers et
des instruments les plus avantageusement utilisés par
cette industrie ;

3° A l'exposition de M. George Ville, affirmant l'utilité
et les applications des engrais chimiques ;

4° A l'exposition collective des vins, et en particulier
ceux de la Savoie ;

5° A l'exposition des instruments d'intérieur et d'extérieur de ferme ;

6° A l'exposition collective des tabacs en feuille du
Ministère des finances.

LES ANIMAUX DOMESTIQUES

A l'Exposition internationale temporaire
de l'Esplanade des Invalides.

Les expositions d'animaux vivants ont eu, en 1878, un
éclat tout particulier, et nous ne croyons pas que, jusqu'à ce jour, l'on en ait réuni dans un même lieu un
aussi grand nombre, appartenant à des races plus va-

riées et comptant des sujets aussi remarquables. Nous allons essayer de donner une idée de cette splendide exhibition.

ESPÈCE BOVINE.

L'espèce bovine comptait 1700 reproducteurs français et étrangers, appartenant à 35 races distinctes.

Sur ce nombre, 386 têtes représentaient les races étrangères de Durham, Hérefort, Down, Sussex, Jersey, Alderney, d'Ayr, d'Angus, des Higlands d'Écosse, de Kery, des Polders; les races danoises, suédoises, norvégiennes, bernoises, fribourgeoises, Simenthal, de Schwitz, piémontaises, romagnoles et portugaises.

Parmi ces 21 races étrangères, représentées par un nombre plus ou moins considérable de sujets, les Angus, race anglaise, sans cornes, ont eu les honneurs du concours: c'est à cette race de boucherie qu'a été décerné sans hésitation le prix d'honneur des animaux étrangers, auquel est venu se joindre le grand prix d'aptitude de la Société des agriculteurs de France.

La race hollandaise a, elle aussi, occupé le premier rang parmi les animaux laitiers, les races brunes et tachetées de la Suisse venaient ensuite.

Il y avait sans doute, dans les autres races étrangères, des sujets de valeur, mais ils ne formaient pas un ensemble assez suivi, une exception comme les spécimens dont nous venons de parler.

Les durham anglais, entre autres, que l'on espérait trouver parmi les animaux les plus brillants du concours, n'ont pas répondu à l'attente générale, et leur infériorité a été reconnue même par les intéressés sur les durham français qui jamais ne s'étaient présentés aussi nombreux dans de meilleures conditions.

Il faut une ombre au tableau : ce sont les animaux du

sud-ouest de l'Europe. qui l'ont formée avec les races portugaises, romagnoles et italiennes, dont la conformation laissait beaucoup à désirer ; nous en dirons autant des kery de l'Irlande et des higlands d'Écosse, dont la nature sauvage, la conformation primitive et les cornes démesurément longues ont été un simple objet de curiosité pour les visiteurs du concours.

ANIMAUX FRANÇAIS.

L'exposition française des reproducteurs de l'espèce bovine comptait plus de 1300 têtes de bétail appartenant à vingt races différentes nées en France.

Ces animaux peuvent se diviser, selon leurs aptitudes, en races laitières, de travail et de boucherie.

Les races normandes, flamandes, de Tarentaise, bretonnes, fémelines, d'Ayr, hollandaises et de Schwitz appartiennent aux producteurs de lait.

Les races charolaises, gasconnes, garonnaises, bazadaises, des Pyrénées, parthenaises, limousines, de Salers, d'Aubrac, du Mézenc, fournissent surtout des animaux de travail.

Les races durham et nivernaises sont spécialement entretenues pour la boucherie.

Enfin, quelques races déjà classées ont des aptitudes très marquées à l'engraissement ; l'on peut placer dans cette catégorie les races charolaise, normande, fémeline, limousine et de Salers.

Disons de suite que tous les animaux présentés à l'exposition témoignaient des efforts des éleveurs français pour améliorer les races qu'ils ont à leur disposition.

Ces améliorations des formes, des qualités laitières ou d'aptitude à l'engraissement, ont été le plus souvent le résultat d'une sélection bien comprise, d'un choix intelligent de reproducteur. La sélection est bien aujourd'hui le meilleur moyen d'obtenir économiquement des résultats rapides, ayant un caractère de fixité que n'assurent pas les croisements.

Généralement, pour créer des animaux de boucherie, ou même pour développer les aptitudes à l'engraissement, on a eu recours en France, à des croisements plus ou moins prolongés avec des reproducteurs durham, et l'on s'en est bien trouvé. On en voyait de nombreux spécimens fort remarquables sur l'Esplanade des Invalides.

LA RACE DE TARENTAISE.

En remplissant nos fonctions de membre du Jury à l'Exposition des animaux vivants, en visitant chaque jour les races les plus recommandées de la France et de l'étranger, nous nous sommes souvent demandé quelle serait celle que nous aurions avantage à introduire en Savoie, celle répondant le mieux à nos besoins, plus rustique, plus laitière, plus travailleuse que nos sous-races locales, que la race de Tarentaise.

La question que nous nous sommes posée sur l'Esplanade des Invalides, d'autres éleveurs, amis comme nous de leur pays, des propriétaires de montagnes alpestres, des maires, des intendants de province et des gouverneurs de la Savoie, se la sont souvent faite ; leur dévouement aux intérêts de notre petit duché leur avait fait comprendre, qu'il y avait peut-être alors quelque chose à faire pour modifier les animaux peu uniformes de robe, de taille, de conformation, que l'on trouvait généralement sur nos marchés.

Lorsque l'on passa du projet à l'exécution, sans bien se rendre raison du but que l'on voulait atteindre, des aptitudes que l'on recherchait dans les reproducteurs à importer, l'on donna la préférence aux taureaux du Mézenc, non pas parce que cette race avait une certaine ressemblance avec la nôtre, non pas parce qu'elle était plus laitière, plus travailleuse que celle dominant en Savoie, mais uniquement parce que nos bœufs de travail étaient alors tirés de ces montagnes, que leur couleur froment clair plaisait aux éleveurs, qu'ils étaient d'une grande docilité et faciles à élever.

Les deux Savoie furent appelées à des sacrifices que s'imposèrent les communes, les provinces et l'État, afin de faciliter l'introduction d'un certain nombre de taureaux tirés du Mézenc ; mais après quelques années d'expérience, cette importation ne répondant pas aux résultats que l'on avait en vue, on l'abandonna.

La race du Mézenc n'était pas en effet celle qu'il eût fallu préférer ; on voulait améliorer les facultés laitières de nos vaches, et la race choisie n'est pas laitière ; on se proposait de rendre plus robustes nos animaux, et on leur donnait des taureaux d'un tempérament délicat, très exigeants sous le rapport de la nourriture.

Le résultat de ce croisement fut d'élever la taille de nos bêtes à cornes, d'en améliorer les formes et de donner une certaine fixité à la robe froment clair encore dominante dans les cantons de Rumilly, d'Albens et d'Alby ; cette robe disparaît peu à peu dans les environs de Chambéry, depuis que les Comices ont favorisé l'introduction de la race de Tarentaise.

L'importation du Mézenc a eu un autre résultat pour nos éleveurs. Au lieu de n'élever, comme par le passé, que des génisses, on se mit à conserver les veaux mâles pour en faire des bœufs, lorsqu'ils avaient une robe froment clair, que préfèrent toujours les éleveurs de la plaine.

Cet essai de croisement ne fut pas le seul expérimenté en Savoie ; on essaya plus tard la race de Salers, puis les Schwitz ; mais ces apports de taureaux, opérés sur une petite échelle, n'eurent aucune influence sensible sur la conformation et sur les aptitudes de nos races locales.

Nous devons constater toutefois que ni la Tarentaise, ni Beaufort, ni les Bauges, pays de bétail par excellence, ne consentirent à introduire du sang étranger dans leurs races, qui jouissaient déjà alors d'une faveur méritée.

Ces premiers essais de croisement remontent à une époque assez ancienne. Plus tard, lorsque, en 1843, sur l'initiative de la Société agraire de Turin, furent organisés les Comices agricoles, ils reprirent les errements de leurs devanciers ; mais au lieu d'aller chercher à l'étranger les moyens d'améliorer nos bêtes à cornes, ils préconisèrent nos races locales. Ce fut toutefois la Société centrale d'agriculture de Chambéry, fondée en 1857, qui fut l'inspirateur le plus actif de la préférence à accorder à la race de Tarentaise.

Disposant d'un budget assez élevé, auquel plus tard vinrent se joindre dans les concours d'arrondissement les fonds des Comices, la Société d'agriculture rendit pour ainsi dire obligatoire l'introduction de cette race, cantonnée jusqu'alors dans l'arrondissement de Moûtiers, en lui accordant, dans la distribution des récompenses, la préférence sur les autres reproducteurs amenés aux concours.

Ces essais d'amélioration tentés par nos devanciers avec des reproducteurs de races étrangères, ceux mis en pratique un peu plus tard avec des taureaux du pays ont eu d'excellents résultats, et la comparaison que nous avons pu faire depuis plus de quarante ans, époque où nous avons commencé nos études agricoles jusqu'à ce jour, de ce qu'était et de ce qu'est devenu le bétail de la Savoie, nous permettent de reconnaître que nous avons peu à envier aux départements producteurs comme nous d'une race spéciale.

Sans nul doute, le race de Tarentaise n'est pas parfaite ; elle a encore beaucoup à acquérir ; mais ce que nous avons obtenu jusqu'à ce jour par une sélection persévérante, nous est un sûr garant que nos éleveurs arriveront sans trop d'effort à corriger les imperfections de forme, et à augmenter les excellentes aptitudes que personne ne lui conteste.

La race tarine n'a pas, il est vrai, l'abondance de lait des hollandaises, des flamandes, des normandes, des fribourgeoises, des Schwitz ou des Ayr, qui toutes ont un poids supérieur au leur ; mais, outre que son lait est très butireux, si l'on tenait compte de la qualité et de la quantité de nourriture consommée par ces divers animaux pour obtenir 100 litres de lait, il n'est pas bien sûr que la race de Tarentaise ne fût pas le consommateur utilisant le mieux la nourriture qu'on lui donne.

A ses qualités laitières, il faut ajouter à son crédit sa précocité, sa rusticité, sa sobriété, ses aptitudes exceptionnelles au travail et son facile engraissement.

Nous pensons donc que tout le monde sera de notre avis, lorsque nous conseillerons de conserver dans toute sa pureté notre excellente race tarine, de l'améliorer par une sélection rigoureuse et d'exclure tout croisement qui pourrait compromettre l'équilibre existant aujourd'hui entre ses diverses aptitudes.

Les Récompenses obtenues par la race bovine de Tarentaise

au Concours international de l'Esplanade des Invalides.

La faveur dont jouit la race de Tarentaise s'affirme chaque jour davantage par le développement que prend son exportation.

Ce n'est plus seulement le littoral de la Méditerranée qui en fait sa race favorite ; chaque jour elle prend pied dans de nouveaux départements. On la trouve aujourd'hui dans les deux Savoie, la Loire, la Haute-Loire, le Rhône, l'Isère, les Hautes-Alpes, les Basses-Alpes, la Drôme, l'Ardèche, le Vaucluse, la Lozère, le Gard, l'Hérault, l'Aude, les Bouches-du-Rhône, le Var, les Alpes-Maritimes, Seine-et-Marne et dans la Seine.

Cette expansion de la race de Tarentaise, dont tout le monde reconnaît aujourd'hui les aptitudes multiples, ira, l'on ne peut en douter, toujours en s'accentuant davantage, car si les concours régionaux ont contribué depuis 1860 à la faire connaître dans le Midi et le Sud-Est de la France, le concours de Paris où elle se trouvait représentée par 52 reproducteurs de choix, où elle a été visitée avec un intérêt particulier par d'innombrables agriculteurs étrangers et de la France, ne peut manquer d'avoir une grande influence sur le développement de son expansion.

La race bovine de Tarentaise se trouvait représentée, au concours de l'Esplanade des Invalides, par 18 taureaux et 34 vaches ou génisses.

Ces animaux provenaient de huit départements différents ; la Savoie y figurait avec 5 mâles et 9 femelles, amenés par trois éleveurs : deux du Bourg-Saint-Maurice, un de Bissy.

Nous donnons la liste complète des prix mérités par les reproducteurs de la race de Tarentaise :

Animaux mâles de 1 à 2 ans.

1er prix, 700 fr. : M. Couderchet, du Puy (Haute-Loire).
2e prix, 600 fr. : M. Grousset, à Barjeu (Lozère).

1er prix supplémentaire , 450 fr. : M. Minoret , du Bourg-Saint-Maurice (Savoie).

2e prix supplémentaire, 350 fr. : M. Miédan, du Bourg-Saint-Maurice (Savoie).

Animaux mâles de 2 à 3 ans.

1er prix, 700 fr. : M. Million, de Bissy (Savoie).
2e prix, 600 fr. : M. Minoret, précité.
Mention honorable, M. Couderchet, précité.

Animaux femelles de 1 à 2 ans.

1er prix, 200 fr. : M. Million, précité.
2e prix, 150 fr. : M. Grousset, précité.
Prix supplémentaire, 100 fr. : M. Couderchet, précité.

Animaux femelles de 2 à 3 ans.

1er prix, 300 fr. : M. Minoret, précité.
2e prix, 200 fr. : M. Miédan, id.
Prix supplémentaire, 100 fr. : M. Grousset, précité.

Animaux femelles de plus de 3 ans.

1er prix, 400 fr. : M. Million, précité.
2e prix, 300 fr. : M. Richard, de Montpellier (Hérault).
3e prix, 200 fr. : M. Couderchet, précité.
1er prix supplémentaire, 140 fr. : M. Minoret, précité.
2e prix supplémentaire, 125 fr. : M. Grousset, précité.
Mention honorable : M. Richard, précité.
     id.   M. Couderchet, précité.
     id.   M. Millon, id.
     id.   M. Richard, id.
     id.   M. Couderchet, id.
     id.   M. Couderchet, id.

En récapitulant les données qui précèdent, l'on trouve que les éleveurs de la Savoie, avec 5 taureaux et 9 vaches et génisses, soit avec 14 animaux sur 62 présentés, ont mérité :

4 premiers prix, avec 4 médailles d'or.

2 seconds prix, avec 2 médailles d'argent.

3 prix supplémentaires et une mention honorable, avec 3 médailles de bronze.

Sur 5,815 fr., attribués à la race de Tarentaise, nos exposants ont reçu 3,540 fr. M. Million a en outre obtenu un vase de Sèvres comme prix d'ensemble de son exposition.

Ces résultats sont trop remarquables pour que nous insistions sur leur importance ; ils auront, nous ne pouvons en douter, une influence marquée sur l'expansion de plus en plus rapide de la race de Tarentaise dans les pays qui, n'ayant pas de race classée, ont intérêt à se la procurer.

L'ESPÈCE OVINE

au Concours de Paris.

L'espèce ovine, réunie à l'Esplanade des Invalides, avait été partagée en deux grandes divisions :

La première, répartie elle-même en dix catégories comprenait les animaux mâles et femelles de races étrangères, nés et élevés à l'étranger, amenés ou importés en France et appartenant soit à des étrangers, soit à des Français.

Cette division comptait 437 têtes.

L'Italie, l'Angleterre, l'Écosse et l'Irlande, la Hollande et l'Autriche ont pris part avec quelques-uns de nos nationaux à ce concours.

L'Italie avait amené des mérinos ; les trois Royaumes-Unis toutes leurs races les plus en renom, dont quelques-unes, telles que les Southdwon et les Dishleys, ont aujourd'hui droit de cité en France ; la Hollande et la Belgique se présentaient avec les races des plaines basses et des polders ; l'Autriche avec ses races des landes et des bruyères.

C'est dans la 10e catégorie de cette division, réunissant les races des pays de montagnes et de coteaux, qu'est venu prendre place M. Minoret, du Bourg-Saint-Maurice (Savoie), avec 1 bélier et 3 brebis de la race de Tarentaise.

Nous ne nous attendions pas, nous devons l'avouer, à voir notre petite race de montagne, à laine longue et commune, à chair délicate et d'une rusticité à toute épreuve, à la voir, disons-nous, prendre place parmi les races étrangères d'Exmoor, Bergamasca, catalane, mountaine et de la vallée de la Noguera, comme si elle avait été importée par un Français.

Peu importe, M. Minoret a obtenu le 3e prix des béliers et le 2e des brebis, d'une valeur de 200 fr. chacun, et c'était justice, car il avait amené de fort belles bêtes, faisant le plus grand honneur au pays qui les a nourries.

La 2me division de l'espèce ovine comprenait les animaux mâles et femelles des races soit étrangères, soit françaises, nés et élevés en France.

On voyait figurer dans la 2me division 677 reproducteurs de l'espèce ovine, appartenant à toutes les races ou sous-races françaises ou étrangères qui peuplent nos bergeries de plaines, de montagnes et de l'Algérie.

La race mérinos et métis-mérinos occupait sans contredit le premier rang dans ce concours, avec 452 têtes d'animaux fort remarquables.

Le long séjour de la race mérinos dans nos pays a

modifié les premiers types amenés d'Espagne il y a près
d'un siècle ; aujourd'hui c'est une race française.

Le Jury s'est trouvé fort embarrassé pour apprécier
d'une manière équitable un si grand nombre d'animaux
de toute taille, à laine de différente finesse : aussi a-t-il
adopté une division que l'on consacrera sans doute dans
l'avenir; il a établi deux catégories : l'une pour les mérinos appréciés au point de vue de l'abondance et de la
finesse de la laine; l'autre pour les mérinos appréciés
au point de vue du développement et de la conformation.

C'est dans cette seconde catégorie que nous eussions
cru trouver les béliers et les brebis exposés par M. Million, de Bissy. Les moutons à grand développement des
environs de Chambéry sont bien des métis-mérinos, dus
à d'anciens croisements; dès lors, les types primitifs
ont été modifiés par la sélection des reproducteurs et
par une nourriture abondante pour en faire des animaux
de boucherie.

La Commission de classement en a jugé autrement, et
des animaux de plaine par excellence ont été appelés à
concourir avec ceux des pays de montagnes, avec les
races du Larzac, Lauraguai, Quasses, du Morvan, des
Côtes-du-Nord, du Mézenc et les Barbarins; M. Million a
obtenu dans cette catégorie un 5ᵉ prix d'une valeur de
100 fr.

L'exposition de l'espèce ovine, en réunissant des animaux amenés de tous les points de la France, a fait ressortir trois catégories de moutons, chez lesquels les
nécessités économiques ont engagé les éleveurs à
développer, selon les lieux, des aptitudes spéciales à la
production du lait, de la laine ou de la viande.

Les producteurs de lait se trouvent dans les montagnes;
les races que l'on y entretient pour la fabrication des

fromages de fantaisie sont restées ce qu'elles ont toujours été, familières, sobres et rustiques ; leur séjour prolongé à la montagne, ne permettant pas de leur donner des soins spéciaux, leur conformation laisse souvent à désirer.

Les troupeaux entretenus pour la production de la laine sont de moins en moins recherchés, par le fait de la concurrence que leur créent les innombrables troupeaux entretenus en Amérique sur des terrains sans valeur.

Cette dépréciation de la laine, la valeur sans cesse croissante de la viande ont engagé beaucoup d'éleveurs à infuser du sang anglais dans leurs troupeaux, et l'on a obtenu d'excellents résultats de l'importation du Southdown, qui s'est acclimaté avec une grande facilité en France.

Le classement de la spécialisation de la production moutonnière, sous l'influence de la qualité de la nourriture dont l'on dispose et du milieu économique dans lequel l'on se trouve, parait aujourd'hui à peu près accompli en France ; l'on aurait pu en faire la répartition par département, sans trop d'embarras, en étudiant les animaux réunis dans les boxes de l'Exposition.

L'ESPÈCE PORCINE

Au Concours de Paris.

Bien que le département de la Savoie n'ait pas été représenté au concours de l'espèce porcine, nous croyons devoir en dire quelques mots.

L'espèce porcine, divisée en grandes et petites races étrangères ou françaises, comptait 127 reproducteurs étrangers et 242 animaux nés et élevés en France, de race pure ou croisée.

L'Angleterre et la Belgique représentaient à peu près seules les races étrangères, avec tous les perfectionnements qu'elles ont su leur donner.

Nous constaterons qu'il est impossible de porter des animaux à un plus haut degré de précocité et d'engraissement que ne l'avaient fait les exposants d'outre-Manche.

Constatons encore qu'au point de vue de la reproduction, ces animaux étaient dans l'impossibilité d'être utilisés dans cet état, et que tous, sans exception, ont dû quitter le concours pour aller à la boucherie.

Trente-deux départements, situés sur tous les points de la France, ont pris part à l'Exposition, avec nos anciennes races locales, parmi lesquelles on distinguait les races normande, craonnaise, périgourdine, des Pyrénées, bressane et lorraine.

Ces races, grâce à une nourriture abondante et sans doute à l'infusion d'un peu de sang anglais, se sont sensiblement améliorées ; en prenant un tempérament plus lymphatique, elles ont acquis de la précocité, de l'ampleur et une aptitude toute spéciale à l'engraissement.

A côté de nos races encore considérées comme pures, on voyait à l'Exposition un grand nombre de reproducteurs anglais nés en France, appartenant principalement aux races berkshire, newleicester et yorkshire; c'est avec ces types, importés il y a déjà un certain nombre d'années, que l'on a croisé la plupart de nos races, comprises dans les croisements divers, pour leur donner les qualités qui leur manquaient.

Depuis un siècle, la production du porc s'est doublée en France, sous le rapport du nombre, mais la quantité

de viande que nous obtenons de leur élevage s'est certainement quadruplée, par la raison fort simple qu'à une
précocité inconnue jusqu'alors, nous devons ajouter un
poids beaucoup plus élevé.

La qualité de la viande n'a pas gagné à ce progrès; si
l'on tuait alors des animaux, mi-gras, nourris le plus
souvent de glands et de châtaignes, ayant mis deux ou
trois ans à se développer, on en obtenait une chaire ferme
et parfumée que ne donnent plus des animaux attei-
gnant en moins d'un an un développement considérable,
un lard épais et mou.

Quoi qu'il en soit de ces appréciations, nos races en
s'améliorant ont augmenté la viande qui s'obtient au prix
le moins élevé et qui, pour ce motif, est bien la viande
des travailleurs des campagnes.

Il fut un temps où la Savoie avait sa race porcine.
Haut sur jambes, à mufle allongé, à oreilles droites, bon
marcheur, long à se développer, le porc savoyard pouvait sans inconvénients et sans souffrir, parcourir de
longues routes. L'état de la viabilité nécessitait alors
cette conformation.

Cette race locale a disparu à peu près ou du moins elle
se trouve reléguée dans la partie alpestre du département
où elle continue à rendre des services.

Partout ailleurs on lui préfère les races améliorées
amenées à l'état de porcellet, de l'Italie, du Rhône ou de
l'Ain.

On a aussi essayé les croisements de notre race locale
avec des animaux perfectionnés ; mais ces croisements
opérés avec des vérats d'occasion , sans caractères
bien déterminés , n'ont donné que de demi-résul-
tats.

M. Ract, de Montmeillerat, est le seul propriétaire-
agriculteur qui ait entrepris l'élevage en grand ; la race

de berkshire, qu'il avait introduite dans sa porcherie, a donné d'excellents résultats dans la zone qu'il habite, mais son exemple n'a pas été suivi, et, comme nous le disions plus haut, nos éleveurs en sont réduits, le plus souvent, à s'approvisionner aux marchands français ou étrangers, qui parcourent nos communes et alimentent nos marchés.

On comprend très bien que, dans ces conditions, la Savoie n'ait pas figuré à l'exposition de l'espèce porcine de l'Esplanade des Invalides.

LA VITICULTURE FRANÇAISE

A L'EXPOSITION UNIVERSELLE DE 1878.

La viticulture française a pris une large part à l'Exposition universelle de 1878, et toutes les nations viticoles de l'Europe en ont fait autant.

L'importance donnée à cette exhibition ne doit point nous surprendre lorsque l'on se rappelle que, malgré les ravages du phylloxera, la France cultive encore sur son sol, 2,295,899 hectares de vigne, donnant, en remontant, à une moyenne de dix ans, 55,634,772 hectolitres de vin, auxquels viennent s'ajouter 433,000 hectolitres d'eau-de-vie de vin, 47,000 hectolitres provenant de la distillation du marc de raisin, les uns et les autres ramenés au titre d'alcool pur.

Le tableau suivant fait ressortir l'importance de la production viticole de la France dans celle totale de l'Europe.

En prenant une moyenne sur les dix dernières années, on trouve que :

La France produit............	55.634.772	hect. de vin par an.
L'Italie...................	31.500.000	id.
L'Espagne.................	20.000.000	id.
L'Austro-Hongrie...........	22.640.000	id.
L'empire allemand..........	6.501.000	id.
Le Portugal...............	5.000.000	id.
La Russie et la Turquie d'Europe......................	2.134.010	id.
La Grèce et Chypre..........	1.150.000	id.
La Suisse.................	900.000	id.
La Roumanie..............	661.874	id.
Total de la récolte de l'Europe en un an..................	146.121.646	id.

On voit par ces données que la France représente à elle seule plus du tiers de la production vinicole de l'Europe.

Quant au revenu moyen annuel de cette récolte, il suffit de porter le prix de l'hectolitre à 26 fr. pour arriver à un milliard et demi.

De son côté, l'Etat lui demande en impôt indirect environ 400 millions et les octrois des villes plus de 200 millions.

C'est cette richesse si considérable pour notre pays que le phylloxera menace de compromettre.

L'exposition viticole de la France a eu à l'Exposition de 1878 un ensemble qui ne s'était jamais produit jusqu'à ce jour: 54 départements viticoles y ont pris part avec 573 exposants, en ne comptant que pour une unité toutes les expositions collectives, et celui de 1,046 en faisant figurer tous les propriétaires y ayant pris part avec 35,000 échantillons.

Les départements qui ont fourni les plus belles expositions sont, par lettres alphabétiques : l'Aube, l'Aude, les Charentes, la Côte-d'Or, la Dordogne, le Gers, la Gironde, l'Hérault, l'Indre-et-Loire, le Jura, les Pyrénées-Orientales, Saône-et-Loire, la Savoie, l'Yonne, etc.; ces départements ont fourni à eux seuls toutes les expositions collectives formées par l'intermédiaire des Sociétés agricoles ou viticoles.

Les expositions collectives, en mettant au second plan les individualités, ont l'immense avantage de prendre à partie les intérêts bien entendus d'un département ou d'un vignoble, de permettre d'étudier la nature et l'ensemble de la production, d'indiquer les lieux et les personnes où le consommateur et le marchand peuvent s'approvisionner de vins de grande consommation ou de vins de bouchon, en supprimant les intermédiaires.

On sait comment était installée la classe 75 au palais du Champ de Mars.

Les vins envoyés comme échantillons à déguster se trouvaient soigneusement entreposés dans de bonnes caves, où les vins fatigués d'un long voyage se trouvaient parfaitement à l'aise pour se remettre de leur déplacement.

Des bouteilles remplies d'eau rougie ou non, munies d'étiquettes, représentaient dans la classe 75, les vins mis en cave.

La dégustation d'un aussi grand nombre d'échantillons, provenant de crûs si divers, a été longue et difficile. Présidée par le sympathique M. Tessonnière, elle a été confiée aux hommes les plus compétents de Paris et des départements.

Les dégustateurs ont eu à récompenser non-seulement les vins, mais encore les spiritueux de toute provenance, ainsi que les cidres et les vermouths de la France.

Exposition collective des vins de la Savoie.

La Société centrale d'agriculture du département de la Savoie avait pris l'initiative de l'exposition collective des vins de la Savoie.

La Société, dans son programme de décembre 1877, appelait à prendre part à cette exposition tous les propriétaires exploitant directement ou faisant valoir à moitié fruit leurs vignes.

La Société se chargeait de tous les frais et cependant elle déclarait que chaque exposant aurait droit individuellement aux récompenses.

Les vins rouges et blancs avaient été divisés en trois grandes catégories dans lesquelles ont pris place les échantillons fournis par les propriétaires.

La première comprenait les vins de grande consommation, bus dans l'année et au plus tard dans les 18 mois qui suivent la récolte. 17 propriétaires des communes des Marches, de Challes-les-Eaux, de Gilly, de Grésy-sur-Isère, d'Albertville, de Saint-Pierre d'Albigny, de Villard'Héry, de Sainte-Hélène-du-Lac, de Barby, de la Rochette, de Villard-Sallet, de Méry, de Drumettaz-Clarafond, d'Aix-les-Bains, de Vimines, de Yenne et de Saint-Innocent ont fourni des échantillons.

Ont reçu des récompenses :

MÉDAILLES DE BRONZE.

MM. Gardet Pierre, de la Trinité ;
Pachoud Pierre, du Betton-Bettonnet.

MENTIONS HONORABLES.

MM. Blanchard, de Saint-Innocent ;
Falcoz André, des Marches ;

MM. Mermet Charles, des Marches.

      Docteur Guilland, médecin, à Drumettaz-Clara-fond

      Magnin, propriétaire à Yenne.

La deuxième catégorie rassemblait les vins bourgeois, que l'on débite en cercles après un an ou 18 mois de fût, ou que l'on bouche,

Douze propriétaires d'Aigueblanche en Tarentaise, de Saint-Julien en Maurienne, d'Aprèmont, Saint-Baldoph, Saint-Jeoire, Aix-les-Bains, Ruffieux, Serrière, Chindrieux et Yenne ont pris part au concours.

Ont mérité des récompenses :

MÉDAILLES DE BRONZE.

MM. Gaillard Marie, médecin à Serrière ;

      Gouvert Camille, à Torméry.

MENTIONS HONORABLES.

MM. le chevallier Avet d'Aigueblanche ;

      Déperse, propriétaire à Saint-Baldoph ;

      Tardy Jean-François, propriétaire, à Apremont.

La troisième catégorie s'appliquait aux vins exclusivement destinés au bouchon, après avoir reçu, dans le cours de deux à quatre ans, trois ou quatre transvasements.

Treize propriétaires ont concouru avec les vins de Saint-Jean-de-la-Porte, Cruet, Montmélian, Arbin, Chignin, Torméry, Monterminod, Saint-Jean de Maurienne et Echaillon. Ont obtenu des récompenses :

MÉDAILLES DE BRONZE.

MM. Jallabert, propriétaire à Arbin ;

      Arminjon,   id.   à Saint-Jean-de-la-Porte ;

MM. Brachet, à Aix-les-Bains-Touvière ;
     Dégaillon,   id.   id. ;
     Finet Auguste, propriétaire à Echaillon.

MENTION HONORABLE.

M. le docteur Dubouloz, propriétaire à Montmélian.

Vins blancs.

Vins de garde doux, mousseux et secs, provenant des communes de Villard'Héry, Jongieux, Chignin et Montmélian.

Ont mérité des récompenses :

MÉDAILLE D'OR

M. Turel, propriétaire à Montmélian.

MÉDAILLES DE BRONZE.

MM. le baron d'Alexandry, sénateur, propriétaire à Villard'Héry ;
     Le comte de Boigne, propriétaire à Jongieux.

MENTIONS HONORABLES.

MM. le docteur Dénarié, propriétaire à Chignin ;
     Girard-Madoux, maire de Chignin.

Vermouths.

Les vermouths de Chambéry avaient fournis deux exposants : Madame veuve Dolin, qui a mérité une médaille de bronze, et M. J.-P. Commoz, qui a obtenu une mention honorable.

Le Jury n'a pas voulu laisser sans récompense l'initiative de la Société centrale d'agriculture de Chambéry. Il lui a décerné une grande médaille d'or.

En soulevant le voile qui recouvre les décisions du Jury, on trouve que nos vins l'ont surpris par leur réelle valeur.

La première impression d'un dégustateur appelé à apprécier nos vins ne leur est pas favorable, surtout s'ils sont nouveaux. A ce moment, ils réunissent à une verdeur caractéristique un goût spécial que l'on indique comme goût de tartre et qui, en réalité, doit s'appeler goût de mondeuse.

Ce raisin, lorsqu'il forme le fond de la vendange, a partout ce goût spécial.

Cette appréciation, vraie dans le fond, a son correctif dans la belle robe, le goût de fruit et la vinosité que l'on reconnait à nos vins. Ces qualités les font apprécier pour leurs qualités digestives.

Lorsque la dégustation porte sur nos vins de meilleures provenances, sur ceux classés sous le nom générique de bourgeois et de vins de bouchon, ayant reçu plusieurs transvasements, mis en bouteilles à point, l'appréciation change et, tout en constatant que l'on reconnaît toujours le vin de mondeuse, on le trouve droit de goût, généreux, d'un solide à toute épreuve ; sa robe, il est vrai, est moins foncée après quelques années débouchon, mais cette transformation donne aux vins vieux plus de velouté, plus de finesse, quelquefois même un bouquet de framboise et de violette qui fait généralement défaut aux vins de mondeuse.

Appréciés dans leur ensemble, les vins rouges de la Savoie ont été classés parmi les bons vins ordinaires, parmi les plus solides et les plus hygiéniques.

Les vins blancs de la Savoie.

En dehors des vins ordinaires, envoyés à l'Expostion pour donner une idée de la variété de notre production vinicole, nos vignobles produisent des vins blancs de qualité fort remarquable.

Deux plants connus, la roussette haute, désignée en Savoie sous le nom d'altesse, et la roussanne de la Drôme, produisent nos meilleurs vins blancs.

Ces deux plants impriment à leurs produits des caractères tout différents : les premiers donnent généralement des vins doux disposés à la mousse pendant la première année, passant ensuite au liquoreux ou au sec.

Les seconds fournissent des vins secs, ayant le bouquet et rappelant les grands crûs de l'Hermitage.

On trouve la roussette haute ou altesse à Montmélian, à Vimimes, à Jongieux et un peu partout dans le canton de Yenne.

La roussanne est surtout cultivée dans les vignobles de Chignin, de Villard'Héry, ainsi que dans ceux de la vallée de la Rochette.

Le Jury a accordé une faveur marquée aux vins blancs de ces diverses provenances, dont tous les exposants ont reçu des récompenses.

Toutefois, les vins doux et mousseux provenant de l'altesse, ont obtenu la préférence en 1872, à Lyon, et en 1878 à Paris; des médailles d'or leur ont été attribuées.

Comme conclusion aux résultats remarquables signalés dans ce rapport, faisons un retour en arrière pour rechercher les causes de ce succès.

Jusqu'en 1860, la Savoie, resserrée dans les limites étroites du royaume de Sardaigne en deçà des monts, ne pouvait fréquenter ni les marchés du Piémont dont elle était séparée par le Mont-Cenis, ni aborder les marchés français dont les droits de douane lui barraient l'entrée.

Aussi ses exportations étaient presque nulles et sa production forcément limitée à la consommation locale.

Depuis l'annexion de la Savoie à la France, tous ses marchés lui étant ouverts, elle a pu étendre sa production, assurée qu'elle était de trouver des débouchés dans les grands centres de la mère-patrie; toutefois, pour en profiter, il était nécessaire de mettre les consommateurs à même de s'assurer de la qualité de nos produits.

C'est cette tâche qu'a placée en tête de son programme la Société centrale d'agriculture du département de la Savoie et jamais, dès lors, elle n'a manqué à la mission qu'elle s'est volontairement imposée.

Par ses soins, le bétail qui forme notre principale richesse, a pris place parmi les races françaises les plus recommandables, son prix s'en est doublé et les éleveurs peuvent à peine satisfaire aux demandes qu'on leur fait.

Grâce à l'intervention de la Société, nos fromages ont figuré avec succès aux expositions de Paris; ils sont aussi connus aujourd'hui que ceux du Jura et de l'Ain.

Par trois fois, nos vins réunis ont mérité des récompenses aux Expositions de Paris et de Lyon de 1867, 1872 et 1878; ils sont aujourd'hui classés, et les 18,000 hectolitres de vins que nous exportons ne manqueront jamais d'acquéreurs.

Applaudissons à ces résultats, mais n'oublions pas que nous devons en attribuer une bonne part à l'initiative de la Société centrale d'agriculture du département de la Savoie, qui, en sentinelle avancée, veille sur nos intérêts agricoles.

L'INDUSTRIE LAITIÈRE

A L'EXPOSITION UNIVERSELLE.

L'industrie laitière est l'une des principales sources de la richesse agricole de la France.

Si nous consultons en effet la statistique, elle nous apprend que la production du beurre s'élève annuellement à 170 millions de kil. d'une valeur de 440 millions de francs.

La majeure partie de ce beurre est consommée sur place ; l'on en exporte cependant 40 millions de kil., d'une valeur de 104 millions.

La production du fromage à pâte dure et à pâte molle est d'une valeur annuelle de 100 millions de francs ; on en exporte pour 15 millions.

On comprend qu'une industrie d'un si haut intérêt ait organisé un congrès spécial à l'exposition universelle, congrès qui y a obtenu un plein succès.

Sans entrer dans le fond de toutes les questions traitées dans les séances des 16, 17 et 18 octobre, nous dirons un mot de celles qui ont leur application en Savoie.

École de fromagerie.

Il n'existe pas en France une seule école spéciale où l'on apprenne à traiter dans les meilleures conditions possibles le lait, la crème, le beurre et le fromage.

Une école de cette nature serait une innovation pour notre pays, tandis que depuis fort longtemps il en existe dans le Tyrol, en Danemarck, en Suède et en Norwège.

Cette lacune dans l'enseignement agricole est vraiment regrettable, elle occasionne annuellement des pertes fort élevées à la France, où l'on ne compte pas, moins de 6 millions de vaches.

Il est incontestable que l'on pourrait presque doubler le revenu fourni par les animaux laitiers, en mettant en pratique les moyens les plus efficaces non-seulement d'obtenir d'eux le plus de lait possible, mais de les placer dans les conditions les plus favorables pour en extraire la meilleure crème, le beurre le plus fin et le fromage le mieux fabriqué.

La création d'une ou plusieurs écoles de fromagerie dans les pays producteurs de lait serait un bienfait dont on est en droit d'attendre les meilleurs résultats.

Aussi le congrès a-t-il émis le vœu que le gouvernement, aidé des sociétés agricoles, prît l'initiative de la création d'une institution de ce genre.

Traitement du lait pour en obtenir de la crème.

Il y a quelques années, à la suite d'un voyage dans le Tyrol et en Danemarck, un agriculteur autorisé préconisa l'abaissement de température du lait comme moyen d'en obtenir le plus de crème et le meilleur beurre.

Dès lors, des expériences ont été entreprises sur plusieurs points de la France pour connaître si cette méthode est préférable à celle pratiquée jusqu'à ce jour, qui consiste, on s'en souvient, à maintenir dans la laiterie, 10 degrés de température moyenne.

Cette théorie, portée à l'ordre du jour du congrès, a été l'objet d'une longue et sérieuse discussion entre les partisans des deux systèmes.

M. Pouriau, qui s'est spécialement occupé de ce sujet, n'admet pas l'utilité de l'abaissement de température et, de plus, il soutient que les crèmes obtenues dans ces conditions ont moins de qualités, sont moins parfumées que celles extraites d'après la méthode française.

Cette question est évidemment complexe et l'on ne paraît pas près de s'entendre, car pour apprécier le rendement butireux du lait, il faut tenir compte du mode employé pour lever la crême, et selon que cette crême sera plus ou moins mêlée à du lait ou à du caséum, on trouvera des quantités de crêmes différentes, et l'on arrivera à ne plus avoir de points fixes de comparaison ; car si la crême est bien levée comme dans le Jura, on obtiendra un kilog de beurre pour deux litres et demi de crême, tandis qu'ailleurs il en faudra souvent quatre litres.

Des expériences prolongées, faites dans des conditions identiques, pourront seules donner une solution pratique à cette intéressante question.

Le beurre.

Les conditions nécessaires afin d'obtenir du beurre de bonne qualité ont aussi occupé les membres du congrès.

On pose en principe que pour fabriquer du bon beurre, on doit :

1° Nourrir les animaux avec des fourrages de bonne qualité.

2° Traire et placer le lait dans des vases d'une propreté irréprochable et le loger dans un local spécial ayant une température uniforme de 10 degrés.

3° Lever la crême après 12 heures de repos du lait.

4° Baratter aussitôt la crême sans en élever la température au-dessus de 19 degrés ou de l'abaisser au-dessous de 13.

5° Livrer le beurre au commerce, bien lavé, bien battu et le plus frais possible.

Les beurres d'Isigny et de la Prévalais, dont le prix sur les marchés de Paris est de 7 à 8 fr., se traitent dans ces conditions, tandis que ceux de Bretagne, où les soins de propreté et de logement sont généralement négligés, se vendent à un prix inférieur sur les marchés étrangers, moins exigeants sous le rapport de la qualité qu'on ne l'est à Paris.

On reproche aussi aux beurres de Bretagne de se trouver souvent frelatés avec de la margarine, par ce procédé on en augmente il est vrai le poids avec une substance graisseuse de peu de valeur, mais on en détériore la qualité.

Les graisses d'animaux sont principalement formées de stéarine, de margarine et d'oléine. — L'on a trouvé, il y a quelques années, le moyen de rendre comestibles les graisses fraîches de bœuf ou du moins d'en extraire un produit alimentaire connu sous le nom de *margarine,* dont le commerce a pris une grande extension, et qu'on allie quelquefois au beurre ordinaire pour le frelater ou au beurre salé pour constituer un beurre spécial à bon marché.

M. Pouriau estime qu'une des questions importantes à proposer au congrès serait de rechercher la méthode la plus pratique de reconnaitre la quantité de margarine introduite dans le beurre et d'en réprimer la fraude.

Le congrès a encore abordé d'autres questions, telles que l'influence du milieu et de la race des animaux sur la production du lait, celle de la fabrication des fromages ; il a étudié l'industrie laitière en Europe, aux Etats-Unis et au Canada ; puis il passe en revue les questions commerciales se référant à cette spécialité ; enfin le congrès a étudié les instruments spécialement utilisés par l'industrie laitière.

Nous dirons un mot de cette dernière question.

USTENSILES DE LAITERIE.

Barattes.

La forme des instruments destinés à convertir le lait ou la crême en beurre varie à l'infini, et chaque province a sa baratte spéciale; aussi ces instruments étaient-ils largement représentés à l'Exposition.

Une seule de ces barattes, l'*expéditive*, présente un caractère spécial de nouveauté qui nous engage à en parler.

La baratte Perreau est cylindrique, placée droite; sa hauteur est double de sa base.

L'axe de l'agitateur, posé verticalement, repose sur le fond de la baratte, l'autre extrémité traverse le couvercle et son prolongement est muni de deux roues à gouges.

Lorsque la baratte après avoir reçu la crême a été soigneusement fermée, l'opérateur enroule un cordeau sur chaque roue et, par un mouvement de traction donné alternativement par la main droite et la main gauche, l'agitateur mis en action imprime au liquide un tel mouvement qu'en peu d'instants ses molécules se décomposent, les parties grasses s'agglomèrent et bientôt le beurre surnage sur le petit lait.

Cette baratte, d'une grande simplicité, construite en fer battu étammé, est solide et facile à nettoyer.

Si l'on veut que le barattage s'opère dans les meilleures conditions possibles, il est important de ne remplir la baratte que du quart aux trois quarts et d'y maintenir une température de 18 degrés, en plaçant la baratte dans un bain tiède ou glacé selon que l'on opère en été ou en hiver.

Quand la crème est trop épaisse, il faut y ajouter de l'eau ou du lait ; on la rend ainsi plus liquide et on facilite l'opération sans changer la nature du rendement.

La baratte Perreau se vend à Paris, rue du Louvre, chez Perreau fils et Cie. En voici les prix :

Baratte de 2 litres 1/2 de crème, fr.   9

Id.	5	Id.	»	12
Id.	10	Id.	»	18
Id.	20	Id.	»	28
Id.	35	Id.	»	38
Id.	50	Id.	»	46

Un litre de bon lait rend 40 à 60 grammes de beurre.

Un litre de crème produit environ 400 grammes de beurre.

Nous ne dirons rien des autres instruments de laiterie ; nous les avons appréciés dans de précédentes publications, ils ne représentent du reste aucune nouveauté.

LES FROMAGES DE LA SAVOIE

A L'EXPOSITION.

Trois producteurs de fromages façon Gruyère, des vallées de Beaufort et de la Tarentaise, représentaient l'industrie laitière de la Savoie à l'Exposition universelle.

La Maurienne et les Bauges se sont abstenues ; et quelques pièces de fromage ont seules donné une idée, aux innombrables visiteurs du Champ-de-Mars, d'une production importante pour nous qui se chiffre annuellement par plus de cinq millions de francs.

Nous avons aussi vivement regretté l'absence de nos nombreux fromages de fantaisie qui, sous le nom de Mont-Cenis, Tignard, Chevrotin, Bersegout, Reblochon, Vacherin et sous tant d'autres, sont si recherchés des amateurs.

Sans doute, les frais d'installation et l'éloignement sont causes de ces abstentions ; mais nous estimons que, dans des circonstances aussi solennelles, il y a un véritable patriotisme à représenter, dans les meilleures conditions possibles, les principales industries agricoles d'un pays.

Les fromages exposés étaient de bonne fabrication ; mais bien que ne séjournant pas plus de huit jours de suite dans des vitrines hermétiquement closes, ils avaient bien vite perdu une partie de leurs qualités.

Malgré le grave inconvénient résultant de cet état de choses, qui devra à l'avenir faire disparaitre du programme des exhibitions prolongées, cette catégorie de produits, MM. Viallet et Duret, de Beaufort, ont mérité une médaille d'argent.

LES ENGRAIS CHIMIQUES

A LA FERME EXPÉRIMENTALE DE VINCENNES.

Leur utilité en Savoie.

M. Georges Ville est le directeur de la ferme expérimentale de Vincennes ; c'est dans cette exploitation que sont mises en pratique les savantes théories du maître sur l'emploi des engrais chimiques comme succédanés des engrais de ferme.

A l'Exposition de Paris, sur le quai de Billy, tout près des collections d'anthropologie, un pavillon environné d'un jardin attirait l'attention des visiteurs.

Dans le pavillon se trouvaient exposés, à côté des publications de M. Georges Ville, des tableaux résumant les préceptes servant de bases à la théorie des engrais chimiques, puis les sels et les matières premières des engrais, ainsi que les mélanges variés applicables aux diverses natures de sols et de récoltes.

On trouvait encore dans cette salle les instruments servant au dosage des engrais ; des plantes desséchées représentant les résultats pratiques de l'application des engrais chimiques complets, c'est-à-dire correspondant à tous les éléments constitutifs d'un végétal donné, ou incomplet et même sans engrais.

Le jardin placé en avant du pavillon avait été divisé en deux parties ; dans l'une, du chanvre, du tabac, des légumes, végétaient sans que la terre eût reçu aucun engrais ; dans l'autre, l'on avait fait des applications d'engrais chimiques convenant le mieux à chacune de ces plantes.

Enfin un tableau indicateur renseignait les visiteurs sur les jours et les heures où l'on pouvait suivre à Vincennes les conférences de M. Georges Ville, et visiter le champ d'expérience.

Préoccupé de rendre aussi profitable que possible aux agriculteurs de la Savoie notre long séjour à Paris, nous avons étudié avec un soin scrupuleux, tant à Paris qu'à Vincennes, les travaux de M. Georges Ville, et après nous être convaincu que les engrais chimiques pouvaient rendre de grands services à notre pays, nous nous sommes décidé à communiquer nos observations à nos lecteurs habituels, persuadé qu'ils sauront comme nous en tirer d'utiles profits.

Ce qu'il manque à nos cultures pour assurer la permanence de bonnes récoltes.

L'agriculture est une industrie ayant pour objet de convertir en produits végétaux les minéraux et les détritus de toute nature contenus dans le sol.

Les labours, les engrais, les cultures d'entretien et les frais nécessités par les récoltes représentent le capital destiné à mettre en œuvre, à faire valoir le sol pour en obtenir des résultats rémunérateurs.

Comme conséquence économique, plus on obtiendra de récolte sur une surface donnée, plus l'on en abaissera le prix de revient.

L'engrais est considéré à juste titre comme l'un des meilleurs moyens d'atteindre ce résultat, parce que le sol soumis depuis des siècles à des cultures qui varient peu, a épuisé les éléments qu'il avait en réserve, pour féconder ces récoltes.

Dans ces conditions, il est indispensable de suppléer à la fertilité naturelle, qui n'existe plus, par un apport des éléments constituant les récoltes.

Jusqu'à ce jour, en Savoie, ce sont les engrais de ferme qui ont été appelés à renouveler les déperditions annuelles de la terre; mais les éléments nécessaires à la végétation normale de chaque plante ayant été restitués au sol d'une manière incomplète, il en est résulté une diminution progressive de certaines récoltes.

C'est pour arrêter cette décroissance de la production ; c'est pour rétablir l'équilibre rompu par le retour trop prolongé ou trop répété d'une même plante sur le même sol, qu'ont été constitués les engrais chimiques composés d'éléments spéciaux que la science a démontré être les principes plastiques des récoltes.

Utilisation des engrais chimiques.

Afin de se rendre un compte exact des ressources que présente à l'agriculteur et surtout au viticulteur l'emploi des engrais chimiques, il est indispensable de connaître :

1° Les éléments que chaque récolte, céréales, légumes fourrages, raisins, etc., enlève au sol.

2° La restitution de ces éléments opérée par les engrais de ferme que l'on a l'habitude de livrer au sol.

3° La restitution de ces éléments par les engrais chimiques.

Les deux tableaux suivants vont nous renseigner sur ces diverses questions.

Il sera facile, on le comprend, en comparant ces données entre elles, d'en déduire ou de combien il faudrait augmenter la quantité de fumier donnée habituellement, pour compenser les déperditions occasionnées par une récolte, ou encore combien il faudrait ajouter d'engrais chimiques spéciaux aux fumures pour arriver au même résultat.

En admettant que l'on puisse se procurer tout le fumier de ferme dont on aurait besoin, il restera à examiner si financièrement l'on a plus d'avantage à employer exclusivement des fumiers de ferme, ou exclusivement des engrais chimiques, ou si l'on doit utiliser simultanément les uns et les autres.

(Voir tableaux nos 1 et 2.)

Quantités et proportions de divers éléments enlevés au sol par 1,000 kilogrammes des récoltes ci-après :

DÉSIGNATION DES RÉCOLTES		EAU	MATIÈRES organiques	AZOTE	ACIDE phosphorique	CHAUX	MAGNÉSIE	POTASSE	SILICE	MATIÈRES minérales diverses	TOTAL des matières minérales
Blé	Grain	143	818.200	20.800	8.900	0.600	2.200	5.500	0.300	0.900	17.700
	Paille	141	812.200	3.200	2.300	9.800	1.100	4.900	28.200	3.800	42.000
Seigle	Grain	140	816.400	17.000	8.200	0.500	1.900	5.400	0.300	1	17.300
	Paille	154	802.900	2.400	1.900	3.100	1.300	7.000	23.700	3.100	40.700
Orge	Grain	145	816.400	16	7.200	0.500	1.800	4.800	5.200	2.400	22.600
	Paille	140	811.100	4.800	1.900	3.300	1.100	9.300	23.600	4.900	44.100
Avoine	Grain	140	814.600	17.900	5.800	1	1.900	4.200	12.300	2.700	27.500
	Paille	141	810.500	4	1.800	3.600	1.800	9.700	22.100	5.500	44.500
Maïs	Grain	130	835.300	16	5.300	0.300	1.800	3.300	0.300	1.500	12.700
	Tiges	140	802.400	4.800	3.800	5	2.000	16.600	17.900	6.900	59.800
Sarrasin	Grain	125	846.350	14.650	6.830	0.500	1.800	3.260	—	1.550	14
	Paille	135	841	7	2.900	7	12.900	3.400	1.400	4.400	38
Trèfle		210	794	20	3.865	15.050	3.865	16.310	3.250	3.620	46
Luzerne		160	755.100	23	5.100	28.800	3.500	15.300	1.300	8.100	61.900
Sainfoin		60	773.400	21.300	4.700	14.800	2.600	17.900	1.800	3.700	45.300
Foin de prairie		144	775.990	13.100	4.100	7.700	3.300	17.100	19.700	15.100	67
Maïs	Fourrage vert	806	136.800	3.900	0.700	1.200	1.100	2.400	4.100	1.300	8.200
Vesces	Fourrage fané	160	745.500	22.700	0.900	19.300	5	30.900	1.800	5.900	71.800
Fèves	Grain	15	795.300	43.700	14.500	1.700	2.875	11.775	0.170	4.830	36
	Paille	190	838.500	30.300	3.240	8.240	1.090	16.555	3.185	1.895	31.510
Pois	Grain	138	789.600	35.800	6.800	1.900	1.990	9.800	0.900	4.700	26.600
	Paille	118	811.120	20.280	2.445	27.790	3.480	2.395	10.140	4.350	50.600

DÉSIGNATION DES RÉCOLTES		EAU	MATIÈRES organiques	AZOTE	ACIDE phosphorique	CHAUX	MAGNÉSIE	POTASSE	SILICE	MATIÈRES minérales diverses	TOTAL des matières minérales
Haricots	Grain	90	837.500	39.100	10.330	1.950	2.970	12.070	0.180	4.950	33
	Paille	200	725	11	4.275	58.350	0.950	12.400	5.600	2.415	64
Pommes de terre	Tubercule	750	237.700	3.200	1.500	0.200	0.400	5.800	0.200	1.200	9.100
	Tiges fraîches	770	213.500	4.900	0.600	3.600	2.700	0.700	0.500	1.600	11.600
Topinambours	Tubercule	800	186.500	3.200	1.600	0.400	0.300	6.700	—	1.300	10.300
	Tiges fanées	120	843.280	3.740	0	0.700	19.190	—	0.080	3	0.200	24
Betteraves à sucre	Racines	815	174.800	1.600	1.400	0.600	0.700	4	0.900	1	7.600
	Feuilles fraîches	897	81.800	3	1.300	3.600	3.300	4	0.600	5.400	18.300
Navets	Racines	915	77.500	4.800	1.100	0.800	0.100	3.100	0.100	1	6.900
	Feuilles	900	82.500	2.500	0.375	4.750	1.880	5.500	1.140	1.855	15
Colza	Graines	120	819.600	31	16.400	5.200	4.900	8.800	0.400	3	38.400
	Paille	170	787.100	3	2.700	10.100	3.400	9.900	2.600	19.700	39.900
Tabacs	Tiges et feuilles	480	373.900	49	7.100	73.100	20.700	54.100	19	23.800	197.800
Garance	Racine	320	150.500	12.400	1.570	0	0.475	4.375	1.900	2.780	17.100
	Tiges fanées	180	788.600	6.500	1.325	11	0.410	6.480	3.115	2.690	25
Houblon	Cônes	900	722.950	88.200	10.350	14.900	4.800	38.300	19.100	17.100	88.840
	Feuilles	199	730.990	13	3.850	58.120	9.800	17.300	14.300	20.600	117.100
	Tiges	129	832.415	6.100	2.270	12.650	1.195	10.400	1.980	4.060	39.480
Vignes	Raisins	—	985.360	3.140	1.905	0.390	0.545	7.475	0	1.185	11.500
	Sarments	265	705.360	2.800	3.510	9.214	2.058	6.070	—	4.050	26.900
	Feuilles séchées à l'air	200	781	19	3.410	31.690	—	7.920	7.530	—	50
Canne à sucre	Canne	730	265.350	—	0.270	0.960	0.315	5.800	1.701	1.114	4.650
	Feuilles	600	368.860	—	0.495	3	0.905	4.448	20.585	3.837	33.900

Tableau n° 2.

Composition moyenne de 1,000 parties des engrais ordinaires.

DÉSIGNATION DES MATIÈRES	Eau.	Substances organiques.	Cendres.	Azote.	Potasse.	Soude.	Chaux.	Magnésie.	Acide phosphorique.	Acide sulfurique.	Acide silicique.	Chlore.
ENGRAIS ANIMAUX.												
Excréments frais de cheval	757	211	31.6	4.4	3.5	0.6	1.5	1.2	3.5	0.6	19.6	0.2
Id. de gros bétail	838	145	17.2	2.9	1.0	0.2	3.4	1.3	1.7	0.4	7.2	0.2
Id. de mouton	665	314	31.1	5.5	1.5	0.2	4.6	1.5	3.1	1.4	17.5	0.3
Id. de porc	820	150	30.0	6.0	2.6	2.5	0.9	1.0	4.1	0.4	15.0	0.3
Urine fraîche de cheval	901	71	28.0	15.5	15.0	2.5	4.5	2.4	—	0.6	0.8	1.5
Id. de gros bétail	938	35	27.4	5.8	14.9	6.4	0.1	0.4	—	1.3	0.3	3.8
Id. de mouton	872	83	45.2	19.5	22.6	5.4	1.6	3.4	0.1	3.0	0.1	6.5
Id. de porc	967	28	15.0	4.3	8.3	2.1	—	0.1	0.7	0.8	—	2.3
Fumier frais avec litière de cheval	713	254	32.6	5.8	5.3	1.0	2.1	1.4	2.8	0.7	17.5	0.4
Id. id. de gros bétail	775	203	21.8	3.4	4.0	1.4	3.1	1.1	1.6	0.6	8.7	1.0
Id. id. de mouton	646	318	35.6	8.3	6.7	2.0	1.8	1.1	2.3	0.8	14.7	1.7
Id. id. de porc	724	250	25.6	4.5	6.0	0.8	3.3	0.9	1.9	0.8	10.8	1.7
Fumier d'étable frais	710	246	44.1	4.5	5.2	1.5	5.7	1.4	2.1	1.2	12.5	1.5
Id. modérément consommé	750	192	58.0	5.0	6.3	1.3	8.1	1.6	2.6	1.6	16.8	1.9
Id. fortement consommé	790	145	65.0	5.8	5.0	1.3	8.8	1.8	3.0	1.3	17.0	1.6
Purin	982	7	10.7	1.5	4.9	1.0	0.3	0.4	0.1	0.7	0.2	1.2
Fèces humaines fraîches	772	198	29.9	10.0	2.5	1.6	6.2	0.8	3.6	0.8	1.9	0.4
Urine humaine fraîche	963	24	13.5	6.0	2.0	4.6	0.2	0.2	10.9	1.7	—	5.0
Mélange des deux, frais	933	51	16.0	7.0	2.1	4.0	0.9	0.6	2.6	0.5	0.2	4.0
Fosses d'aisance, pour la plupart liquides	955	30	15.0	3.5	2.8	1.0	1.0	0.6	2.8	0.4	0.2	4.3
Colombine fraîche de pigeons	519	308	173.0	17.6	10.0	0.7	16.0	5.0	17.8	3.3	20.2	—
Id. de poulets	560	255	185.0	16.3	8.5	1.0	24.0	7.4	15.4	4.5	35.2	—
Id. de canards	566	262	179.0	10.0	6.2	0.5	17.0	3.5	14.0	3.5	28.0	—
Id. d'oies	771	134	95.0	5.5	9.5	1.3	8.4	2.0	5.4	1.4	14.0	—

Répertoire des dominantes.

Il ressort du tableau n° 1 que si toutes les plantes ont à peu près besoin pour prospérer des mêmes éléments, chacune d'elles a une préférence pour l'un d'eux, qu'elle absorbe, qu'elle s'approprie en plus grande quantité que les autres ; c'est ce que M. Georges Ville appelle la *dominante*.

Ainsi l'*azote* est la dominante de la betterave, du colza, du froment, de l'orge, de l'avoine, du seigle et des prairies naturelles.

Les sources extérieures auxquelles l'agriculture peut puiser l'azote, en dehors de l'atmosphère, sont : le sulfate d'amoniaque, les nitrates de potasse et de soude, les matières azotées d'origine animale ou végétale.

La *potasse* est la dominante des pois, des féveroles, des trèfles, du sainfoin, de la luzerne, de la pomme de terre, et surtout de la vigne et du tabac.

Les sources de la potasse sont : le salpêtre ou nitrate de potasse, le sulfate de potasse, le chlorure de potassium.

L'*acide phosphorique* est la dominante du turneps, du rutabaga, du topinambour, du maïs, du sorgho et du sarrasin.

Les sources de l'acide phosphorique se trouvent dans les phosphates minéraux et les produits d'os, les superphosphates et les phosphates précipités.

La source de la *chaux* se trouve dans le sulfate de chaux ou plâtre commun, qui en contient trente-huit pour cent.

En combinant dans différentes proportions indiquées par les besoins des plantes, toutes ces matières, l'on produit les engrais complets.

Le mélange de trois seulement de ces matières cons-
titue, au contraire, les engrais incomplets.

Engrais préparés.

La nécessité de restituer au sol les éléments que les
récoltes lui enlèvent a fait composer des engrais pour
pour chaque espèce de culture; ils ont reçu le nom
d'*engrais complets* parce qu'ils renferment les quatre
agents essentiels de la production végétale: *potasse, chaux
phosphate, azote;* ils ne diffèrent entre eux que par les
doses de leurs compositions et les formes sous lesquelles
ils y sont introduits.

Employés pour les diverses cultures avec la quantité
que nous indiquons, les engrais chimiques remplacent
les autres engrais ; mais si l'on a des fumiers de ferme
on peut sans inconvénient les employer pour les compléter, en calculant que 100 kil. de ces divers engrais
équivalent en général à 4, à 5,000 kil. de fumier, les 1,000
kil. étant pris pour le mètre cube.

Afin de faciliter les demandes d'engrais, l'on a donné
des numéros à chacun des engrais composés pour les
diverses cultures. Ces numéros correspondent à leur
prix de vente porté au catalogue.

Le prix de ces engrais ne peut être fixé d'une manière
permanente parce que les éléments qui les composent
ont une valeur qui varie.

Engrais complet nᵒ 1.

Cet engrais, destiné à la culture du *chanvre*, du *colza*
et des *prairies naturelles*, se compose, pour 100 kilogs,
de :

Superphosphate de chaux.............. 33.34
Nitrate de potasse.................... 16.66
Sulfate d'amoniaque................... 20.83
Sulfate de chaux..................... 29.17

Employé seul pour le froment, le chanvre et le colza, il en faut 1,200 kilogrammes; on le sème à la volée sur labour avant les semailles; la herse l'enterre peu profondément.

On en répand de 500 à 700 kil. sur le seigle, l'orge et les prairies naturelles.

Pour les prairies arrosées, on sème l'engrais à la volée, au printemps, au moment du départ de la végétation; pour les prairies sèches, l'on sème l'engrais en automne, après la dernière coupe.

Engrais complet n° 2.

Cet engrais, destiné aux betteraves, carottes, légumes et aux fleurs, est composé, par 100 kil. de :

Superphosphate de chaux............. 33.34
Nitrate de potasse................... 16.66
Nitrate de soude..................... 25.00
Sulfate de chaux..................... 25.00

On l'emploie seul pour les betteraves à raison de 1,200 kil. par hectare; on le répand à la volée, moitié sur le premier labour suivi d'un hersage, moitié sur le second, aussi suivi d'un hersage. — Utilisé pour les légumes et les fleurs, on en met 2 à 2 kil. 1/2 par mètre carré, en l'enterrant peu profondément avant le semis.

Engrais complet n° 3.

Spécialement composé pour les pommes de terre:

Superphosphate de chaux............. 40
Nitrate de potasse................... 20
Nitrate de soude..................... 10
Sulfate de chaux..................... 30

1,000 kil. par hectare suffisent; on le sème sur les plantations de pommes de terre avant de donner le premier hersage.

Engrais complet n° 4.

Cet engrais est surtout destiné à la vigne; on l'utilise aussi pour les arbres fruitiers et les plantes d'agrément, pour le tabac, le lin et les pommes de terre :

Superphosphate de chaux............. 40.00
Nitrate de potasse.................... 33.34
Sulfate de chaux..................... 26.66
                                    ─────────
                                    100 kil.

Employé seul, il faut 1,500 kil. de cet engrais par hectare de vigne, ce qui correspond à 150 grammes par mètre carré.

Si la vigne est en ligne, on peut ouvrir au printemps un sillon de 30 à 40 cent. de profondeur pour y répandre l'engrais.

Si la vigne est en foule, on sème l'engrais à la volée, par un temps sec, avant de donner le premier labour, on l'enfouit en labourant.

Il faut qu'après le labour, l'engrais se trouve enfoui à plus de 10 c. de la surface du sol.

Pour les arbres fruitiers et les treilles, on en donne de 200 à 300 gr. par pied, que l'on enfouit, comme nous l'avons indiqué ; pour la vigne, le tabac, le lin et la pomme de terre, on le sème à la volée sur le dernier labour qui précède la mise en terre de la semence.

Engrais complet n° 5.

Cet engrais est destiné à la culture du maïs, du navet, du turneps, du rutabaga, du topinambour et du sorgho :

Superphosphate de chaux............. 50.00
Nitrate de potasse.................... 16.66
Sulfate de chaux 33.34
                                    ─────────
                                    100 kil.

Il s'emploie à la dose de 1,200 kil. par hectare ; on le sème à la volée sur le dernier labour qui précède le semis, il est bon de le faire suivre d'un hersage.

Nous ne pousserons pas plus loin ces indications, les engrais 6 et 7 étant destinés au colza et au sarrasin, que l'on ne cultive pas en grande culture en Savoie.

Engrais incomplets.

Les engrais incomplets sont ceux auxquels il manque un ou plusieurs éléments de l'engrais complet.

On les utilise sur les terrains abondamment pourvus de l'élément qui fait défaut dans la composition de l'engrais. C'est ainsi que sur les terres riches en potasse et reconnues telles par une analyse chimique, l'absence de cet alcali dans l'engrais ne nuit pas au rendement ; il en est de même de l'absence de l'azote dans les engrais incomplets destinés à la luzerne, au trèfle, au sainfoin, aux vesces, aux pois, aux haricots, aux fèves, aux féveroles, qui prennent leur azote à l'atmosphère.

On trouvera la composition de tous les engrais incomplets dans les ouvrages de M. Georges Ville. Nous ne la reproduisons pas, pour éviter des longueurs.

Comparaison entre le prix de revient du fumier de ferme et celui des éléments correspondants en engrais chimiques.

D'après M. Georges Ville, à qui nous empruntons la plupart de ces renseignements, le mètre cube de fumier, de 1,000 kil., revient en moyenne à 15 fr. Ce poids représente en réalité 1 m. 1/2 cube ; c'est bien le prix que nous le payons en Savoie.

Dans une tonne, ou 1,000 kil. de fumier, on trouve :

Azote.................. 4
Acide phosphorique.... 2
Potasse 4
Chaux................. 8

Dans une exploitation bien ordonnée, il faut donner au sol 40,000 kil. de fumier de ferme par hectare ; sur une culture sarclée, cette fumure, à 15 fr. les 100 kil., reviendra à 600 fr.

On obtient l'équivalent de cette fumure, ou mieux l'on reproduit les équivalents fournis par cette fumure, avec :

600 kil. de superphosphate de chaux, coûtant 12 fr. les 100 kil...........................	72 »
320 kil. de chlorure de potassium à 80 degrés, à 18 fr. les 100 kil.................	57 60
785 kil. de sulfate d'ammoniaque à 50 degrés, à 18 fr. les 100 kil.................	392 50
360 kil. de sulfate de chaux à 2 fr...........	17 »
2.055 kil. Total en poids. Total en argent.	539 10

On voit par ces rapprochements que non-seulement on aurait plus d'avantages, pécunièrement parlant, à employer les engrais chimiques, mais que la différence s'accentuerait davantage si l'on tenait compte du prix de transport des deux engrais.

Toutefois, il n'est pas douteux que tout en obtenant les mêmes résultats immédiats de l'emploi des engrais chimiques, leur effet est incontestablement de moindre durée ; aussi en conseillerons-nous l'emploi plutôt comme complément d'une insuffisance de fumier de ferme que comme moyen de le remplacer.

Conclusions pratiques applicables à la Savoie des données qui précèdent.

Dans le département de la Savoie; la proportion de

bétail entretenue sur nos fermes arrive généralement à une tête de gros bétail par hectare.

Il est vrai que, pour obtenir ce résultat, nos petits cultivateurs ont recours aux fourrages verts, semés en récolte dérobée, sur les terres ayant porté du colza, de l'orge d'hiver ou du seigle ; mais cette addition à leur provision fourragère serait encore insuffisante pour entretenir une proportion aussi considérable de bétail si, durant l'hiver, ils ne faisaient pas consommer, en mélange avec du regain, la paille de froment qu'ils récoltent, ordinairement employée en litière.

Ils remplacent cette paille par des herbes et des feuilles ramassées dans les bois ou sous les arbres de garnitures et par du carex qu'ils fauchent dans les marais.

Théoriquement, nos exploitations devraient donc produire assez d'engrais d'étable pour restituer au sol les éléments que les récoltes lui enlèvent.

Il n'en est cependant pas ainsi, d'abord parce que l'assolement coutumier, quinquennal de la Savoie, avec une ou deux récoltes dérobées, est très épuisant en ramenant trois céréales et un sarrasin en cinq ans, et qu'à côté de cet assolement, il existe presque partout des treillages et des vignes basses à fumer, en dehors des cultures ordinaires.

Les treillages, dont les racines s'étendent au loin dans les champs cultivés, profitent des engrais donnés aux cultures ; il n'en est pas de même de la vigne : renouvelée par le provignage à long terme, elle ne reçoit des fumures qu'au moment du couchage, c'est-à-dire tous les 10, 15 ou 20 ans.

Pendant ce laps de temps, les sarments, les feuilles et les raisins enlèvent à la terre des proportions considérables d'azote, d'acide phosphorique et surtout de potasse dont on peut se rendre compte en consultant le tableau n° 1, et ce ne sont pas les quelques kilos d'engrais donnés à de longs intervalles qui peuvent compenser ces déperditions.

Nous pourrions en dire autant du tabac, qui s'approprie les mêmes éléments, dans des proportions encore plus considérables.

Les engrais chimiques donnés à propos ont un autre avantage : ils surexcitent la végétation, et cette surexcitation, toujours utile, est indispensable pour la vigne, lorsqu'elle se trouve menacée ou attaquée par les nombreuses maladies qui l'ont envahie depuis quelques années et surtout par le phylloxera.

Nous pensons que l'agriculture de la Savoie aurait beaucoup à gagner à utiliser les engrais chimiques constitués sur les bases indiquées, soit en les employant seuls, sur les terres à grand rendement qui produisent la vigne et le tabac, soit surtout en les introduisant en mélange, dans les engrais au moment où on les entasse, ou mieux encore lorsqu'on les conduit sur les cultures.

Il nous reste à indiquer où l'on peut se procurer ces engrais, leur prix de transport par le chemin de fer et le prix auquel on peut les obtenir.

Fabrique d'engrais chimiques.

Les fabriques d'engrais chimiques, nous l'avons dit, se sont multipliées depuis que l'usage de ce mode de fécondation se généralise ; cependant, nous n'avons pu nous procurer une adresse d'une maison fabricant en ce moment les formules préconisées par M. Georges Ville.

La Société anonyme des produits chimiques agricoles, rue du Faubourg-Saint-Denis, n° 191, à Paris, dirigée par M. H. Joulie, s'était chargée de cette fabrication ; nous ignorons les motifs qui l'ont décidée à modifier les formules de M. Georges Ville pour en adopter d'autres.

L'importance commerciale de cette maison et son honorabilité nous engagent à en recommander les produits.

La Compagnie de Paris-Lyon et à la Méditerranée s'est imposée la charge de fournir aux viticulteurs, envahis ou près de l'être par le phylloxera, les moyens de combattre sa pernicieuse influence en livrant des chlorures de potassium ou muriate de potasse en gare d'arrivée, au prix de 23 fr. les 100 kil., sacs perdus. — Ils font des livraisons, à titre d'essai, dans les mêmes conditions, à 2 fr. 30 les 10 kil.

Le chlorure de potassium coûte, selon sa pureté, de fr................................... 20 à 23 les 100 kil.

Le sulfate de potasse contenant 90 % de matière pure donne 48 % de potasse et coûte fr................   30   id.

Le nitrate de potasse, encore désigné sous le nom d'azotate de potasse ou salpêtre, est livré à l'industrie à divers degrés de pureté ; à 95 degrés, il vaut fr...................... 61 à 66   id.

A 80 degrés, il vaut.............   56   id.

Le prix du nitrate de potasse est assez élevé, parce qu'il fournit simultanément au sol kil. 13,80 d'azote et 46 kil. de potasse.

Ces prix s'appliquent à la vente en gros.

Azote.

Les industries chimiques fournissent comme source de l'azote le nitrate de soude et le sulfate d'ammoniaque.

Le *nitrate de soude* sans mélange, dosant 15,50 à 16 % d'azote coûte en gare 40 à 45 fr. les 100 kil.

Le sulfate d'ammoniaque, dosant de 20 à 21 % d'azote, coûte 45 à 57 fr. les 100 kil.

Acide phosphorique.

La source de l'acide phosphorique se trouve dans les phosphates; ceux naturels provenant de fossiles sont insolubles dans l'eau s'il ne se trouve dans le sol d'autres agents de dissolution ; aussi on leur préfère les superphosphates de chaux, qui fournissent 15 % d'acide phosphorique et qui coûtent de 12 à 14 fr. les 100 kil. et les phosphates de chaux précipités, qui coûtent de 21 à 23 fr. les 100 kil.

Chaux.

La source de la chaux se trouve dans le sulfate de chaux ou plâtre, coûtant, selon les localités, de 1 fr. 50 à 3 fr. les 100 kil.

Prix des engrais chimiques composés à l'état complet ou incomplet.

N'ayant pu nous procurer une adresse où l'on fabrique des engrais composés, d'après les préceptes de M. Georges Ville, — nous avons indiqué le prix de chacun des produits entrant dans ses formules, — fournissant ainsi le moyen de les composer soi-même.

La maison Coquerel et Cⁱᵉ, boulevard Saint-Vincent-de-Paul, à Clichy-la-Varenne, près de Paris, fabrique les engrais que nous avons recommandés ; cette maison, qui jouit d'une bonne notoriété, comprend dans ses prix de vente le transport en gare du lieu où réside l'acheteur.

— M. Jules Feraud, rue Vaugelas nᵒ 16, à Chambéry, en est le représentant.

Enfin, le tableau ci-après donne le prix et la compo_
sition des engrais H. Joulie, fabriqués par la Société
anonyme des produits chimiques agricoles, rue du Faubourg-Saint-Denis, n° 191, à Paris.

Conservation des engrais.

Les engrais chimiques se conservent parfaitement
pourvu qu'on les tienne en un lieu sec ; la seule modifi-
cation qu'ils subissent consiste dans une certaine reprise de la poudre qui forme de grosses mottes qu'on est
obligé de briser à nouveau. Ces mottes ne sont, du reste,
jamais très dures.

D'après des analyses suivies, l'on s'est assuré que le
chlorure de potassium donne jusqu'à 56 pour % de potasse, lorsqu'il contient 90 pour % de matières pures.

Les demandes de cet engrais doivent être adressées à
M. Lamolière, inspecteur délégué, en gare à Marseille.

Le chlorure de potassium s'emploie seul, à la dose de
100 à 200 grammes par souche, selon que la vigne est plus
ou moins épuisée.

M. Perrier de la Bâthie, professeur d'agriculture du
département, conseille de l'employer en mélange avec le
fumier d'étable donné aux vignes.

En supposant que l'on donne 5 kil. d'engrais par souche, il faudrait y ajouter 20 grammes de chlorure de potassium, soit 2 kil. 200 gram. par mètre cube de fumier
évalué en poids à 700 kil.

Avec ce mélange, l'on fume 140 souches par mèt. cube
de fumier dans de bien meilleures conditions qu'on ne
fait jusqu'à ce jour.

Prix du transport des engrais chimiques.

Le chemin de Paris-Lyon à la Méditerranée trans-
porte les engrais chimiques aux conditions suivantes :

1º Pour les chargements inférieurs à 5,000 kil. (série spéciale du tarif général).

Les prix sont établis par tonne de 1,000 kil. et par kilomètre.

Fr. 0.06 pour les parcours inférieurs à 100 kilomèt.

« 0.05   id.   de 100 à 200   id.

« 0.04   id.   excédant 200   id.

Les frais de gare sont de 1 fr. 50 par tonne.

La distance de Paris à Chambéry étant de 596 kilom., le prix de transport serait de 23 fr. 85 cent. pour 1,000 kil. ou de 2 fr. 38 cent. pour 100 kil.

2º Pour les chargements de 5,000 kil. et au-dessus (tarif spécial nº 34).

Jusqu'à 50 kilom., le prix de la tonne est de 3 fr. ; au-delà de 600 kilom., on ajoute 0,50 cent. par 20 kilom. pour chaque tonne d'engrais, soit 2 fr. 50 c. par 100 kil. et 15 fr. pour 600 kilom., distance de Paris à Chambéry.

Les frais de gare sont de 0 fr. 40 cent. par tonne.

Prix des engrais.

Les produits chimiques pris séparément n'ont pas un prix constant, ils subissent les conditions de toutes les matières commerciales ; ceux que nous indiquons sont applicables à 1879.

Prix de revient de la potasse.

Le kil. de potasse est coté en gros à Paris à 40 c. dans le chlorure de potassium et à 65 cent. dans le sulfate de potasse. Au détail, ce prix s'élève à 0,60 et même à 0,80 cent.

Tableau n° 3.

Tableau synoptique et prix courants des engrais chimiques H. Joulie.

DÉSIGNATION DES ENGRAIS ET DES CULTURES	PRIX des 100 kilos en sacs et en gare. (fr. c.)	DOSE À L'HECTARE	ÉLÉMENTS UTILES PAR 100 KILOS						
			AZOTE	ACIDE phosphorique assimilable	insoluble	POTASSE	SOUDE	CHAUX	ÉLÉMENTS ACCESSOIRES
Engrais A complet, pour céréales, prairies naturelles, chanvre, colza.	32 »	400 à 1.000	6.50	5.00	1.50	8.00	»	17.00	62.00
Id. B complet, pour betteraves, carottes, choux et jardinage.	32 »	400 à 1.200	6.50	5.00	1.50	8.00	9.00	14.80	55.20
Id. C complet, pour vignes, pommes de terres, arbres et arbustes.	30 »	800 à 1.500	4.00	5.00	1.50	14.00	»	19.00	56.50
Id. D complet, pour lin, maïs, sorgho, topinambours et navets.	24 50	500 à 1.000	2.50	8.00	2.00	8.00	»	20.00	59.50
Id. E sans potasse n° 1, pour céréales, prairies naturelles, chanvre, colza.	27 50	400 à 1.000	6.50	5.00	1.50	»	»	19.50	67.50
Id. E sans potasse n° 2 (phospho-guano).	26 50	300 à 500	3.00	14.00	2.00	»	»	22.00	59.00
Id. F sans potasse n° 1, pour betteraves, carottes, choux et jardinage.	26 »	400 à 1.200	6.50	5.00	1.50	»	14.00	15.80	65.20
Id. F sans potasse n° 2 (phospho-guano-nitrique).	24 »	250 à 600	3.00	12.00	2.00	»	6.50	20.00	56.50
Id. G sans azote n° 1, pour légumineuses, vignes et prairies artificielles.	14 »	500 à 1.000	»	5.00	1.50	14.00	3.00	20.00	56.50
Id. G sans azote n° 2 (mêmes usages).	18 »	300 à 500	»	12.00	2.00	5.00	1.50	20.00	59.50

LES INSTRUMENTS D'AGRICULTURE

A L'EXPOSITION UNIVERSELLE DE 1878.

Les instruments d'agriculture occupaient une place considérable à l'Exposition, tant dans les sections étrangères que dans celles réservées à la France.

Il faudrait un volume pour cataloguer ces divers instruments et ce travail présenterait peu d'attrait à nos lecteurs ; aussi limiterons-nous nos appréciations aux quelques instruments vraiment nouveaux et à ceux qui intéressent directement l'agriculture de la Savoie.

En 1810, la création de la fabrique de machines agricoles de Dombasle fut un évènement heureux pour les progrès agricoles ; il n'en existait jusqu'à ce moment aucune qui produisit en grand tous les outils perfectionnés. — La réputation de cette fabrique a continué à grandir, le versoir de la charrue dû au célèbre agronome a été reproduit dans tous les pays, et au moment où nous écrivons, 63,000 machines agricoles sont sorties des ateliers de Nancy.

Dès lors, chaque ville, chaque chef-lieu de canton a voulu avoir à sa portée des instruments perfectionnés ; aussi les fabriques se sont multipliées à l'infini.

Ce concours d'efforts réunis a permis de réaliser une foule d'améliorations dont la pratique a fait ressortir l'utilité, et l'on trouve aujourd'hui des charrues, des herses, des rouleaux, des semoirs adaptés à vaincre toutes les difficultés de toutes les cultures spéciales.

La rareté de la main-d'œuvre se faisant toujours plus sentir, on se sert beaucoup plus aujourd'hui qu'autrefois des instruments nécessitant l'apport d'un fort capital, il est peu d'exploitations de quelque importance qui ne se soient vues dans la nécessité de se procurer des faucheuses, des faneuses, des râteaux à cheval, des moissonneuses et même des charrues à vapeur.

Ces instruments avaient de nombreux représentants ayant tous acquis, depuis la dernière exposition d'importantes améliorations et une réduction de prix qui en facilite l'acquisition à toutes les bourses. Si les instruments perfectionnés étaient nombreux, ceux vraiment nouveaux étaient assez rares, et lorsque nous aurons cité une charrue tourne-oreille d'un modèle vraiement nouveau, un semoir à engrais chimiques, une moissonneuse lieuse, une machine à battre à romaine, liant la paille en bottes, d'un poids déterminé, enfin une botteleuse simple et économique, nous aurons indiqué tout ce que la France et l'étranger nous ont fourni de nouveau.

L'obligation de mettre entre les mains des laboureurs des charrues ne nécessitant ni une grande fatigue, ni une grande surveillance, a ramené insensiblement l'avant-train que l'on avait pour ainsi dire abandonné ; c'est une exigence de la même nature qui fait préférer une charrue tourne-oreille à celle-là, oreille unique ; avec le brabant, par exemple, on va et l'on revient dans le même sillon ; une fois réglée, elle marche sans déviation, et le seul effort qu'elle exige est de la mettre en place au bout de chaque sillon.

Du reste le travail de cet instrument laisse peu à désirer, et ce serait, sans contredit la charrue qui conviendrait le mieux à nos propriétés entremêlées de plaines et de coteaux, si son poids élevé n'en portait le prix à un chiffre que la bourse de nos petits cultivateurs ne peut atteindre.

M. Vullierme, de Sainte-Hélène-du-Lac, après des tâtonnements de plus de dix ans, est arrivé à prendre au brabant ses avantages, tout en diminuant le poids et le prix.

La charrue de M. Vullierme a, comme le modèle qui lui a servi de guide, deux oreilles superposées, un soc, un coutre mobile ; enfin, sa solidité est à toute épreuve.

Peut-être laisse-t-elle encore un peu à désirer sous le rapport de la liaison des pièces entre elles, de leur fixité, mais ce sont des défauts qu'il est facile de faire disparaître.

Le nouveau semoir distributeur d'engrais inventé par M. Josse est, sans contredit, le semoir le plus perfectionné dans ce genre que l'on ait construit jusqu'à ce jour. — D'une largeur de 2 mètres, un cheval seul peut, sans fatigue, y être attelé toute la journée.

Les organes de ce semoir sont simples et faciles à remplacer, et l'état plus ou moins pulvérulent des engrais n'entrave pas son fonctionnement.

La hauteur du récipient étant de 1 mètre, le chargement peut se faire par un homme seul ; le nettoyage s'opère aussi avec une grande facilité.

Aujourd'hui que les engrais chimiques sont le complément indispensable des engrais de ferme, cet instrument est appelé à rendre des services signalés à l'agriculture.

Les moissonneuses. — Depuis que les moissonneuses ont fait leur apparition en France, elles se sont répandues avec une grande facilité dans toutes les contrées où la propriété est peu divisée ; — partout ailleurs, le prix de ces instruments, la nécessité d'avoir, pour les mouvoir, plusieurs paires d'attelage de rechange n'en ont pas permis l'acquisition ; aussi si quelques faucheuses fonctionnent dans notre département, nous ne sachions pas qu'une seule moissonneuse en ait franchi les limites.

Cependant, le moment n'est peut-être pas éloigné où la rareté de la main-d'œuvre nous forcera, à notre tour, d'avoir recours à ces instruments.

C'est en prévision de cette nécessité que nous avons recherché parmi les moissonneuses exposées, celle qui, par son prix et sa facile traction, pourrait être utilisée dans nos exploitations de quelque importance.

Nous avons remarqué parmi les instruments exposés par M. Pilter deux moissonneuses Wood, l'une à un seul cheval, l'autre à deux chevaux, qui, après avoir coupé les épis, les lient en bottes.

Ayant suivi les expériences de la petite Wood du prix de 800 fr., nous avons pu nous convaincre que non-seulement elle représente plus de la moitié de travail des grandes machines à deux chevaux, mais encore que le cheval attelé à cette machine était moins fatigué que ceux de la seconde.

Cette petite moissonneuse est si bien équilibrée que l'animal se meut librement et se trouve tout-à-fait dans la main du conducteur ; de plus, étant très basse, elle passe partout, autour des arbres, autour des haies, et sous ce rapport encore, elle conviendrait très bien à nos champs, le plus souvent plantés de treilles.

C'est donc cet instrument que nous conseillerons à nos agriculteurs.

La moissonneuse lieuse est une innovation plus applicable dans les pays chauds que dans ceux où l'humidité de l'atmosphère et le peu d'élévation de la température nécessite la dissécation de la paille, au moment où elle s'est séparée du sol.

Il n'en est pas moins vrai qu'au moyen de la moissonneuse lieuse, les céréales se trouvent mises en gerbes et fortement liées avec un fil de fer, avec une augmentation de tirage pour les animaux, mais sans l'intervention de l'homme, qui n'a qu'à réunir ses gerbes en moyettes pour en faciliter la dissécation et les préserver de l'intempérie du temps, jusqu'au moment où il les conduira au gerbier.

Nous croyons cette innovation, trouvée presque simultanément en Amérique, en Angleterre et en France, susceptible de nouveaux perfectionnements, surtout afin de simplifier les nombreuses pièces qui concourent à réaliser le travail automatique du liage.

Les moissonneuses lieuses amenées à l'Exposition, en dehors de celle de M. Wood, fabriquée par M. Renaud, de Nantes, provenaient de MM. Osborne et Mac-Cormisll.

Machine à battre lieuse.

MM. Albaret et Cie ont présenté à l'Exposition une machine à battre fixe dite *lieuse*, à laquelle l'inventeur a appliqué des appareils nouveaux; cette batteuse mérite une mention spéciale, bien que l'étendue de nos terres nous permette difficilement de l'utiliser.

Cette machine a à peu près la forme des autres machines à battre, elle a en plus un *pèse-paille* et un *appareil lieur*.

Le *pèse-paille* est formé d'un arbre horizontal muni de quatre rangées de fil de fer qui forment deux cloisons à jour; c'est sur celles-ci, que tombe la paille en sortant du secoueur de la batteuse. Le *pèse-paille*, en tournant, agit sur le levier d'une romaine dont on règle le poids à volonté; l'arbre ne bouge pas tant que l'équilibre ne s'est fait entre le poids de la paille et celui fixé sur la romaine.

Lorsque la rangée de fil de fer est suffisament chargée de paille, l'arbre faisant un quart de tour, la fait tomber et tout aussitôt une autre rangée de fil de fer vient se placer horizontalement, pour recevoir une nouvelle botte.

En faisant un quart de tour, le pèse-paille met en mouvement un mécanisme d'embrayage agissant sur le lieur qu'il met aussitôt en marche.

La paille tombant du pèse-paille est reçue sur une grille horizontale vers le milieu de laquelle se trouve un fil de fer provenant d'une bobine placée derrière la grille et dont l'extrémité est interceptée par le lieur.

Aussitôt que celle-ci se met en mouvement, des griffes viennent comprimer la paille pour préparer le bottelage. En même temps, le fil de fer entoure les tiges ; son extrémité passe dans l'appareil lieur et vient rejoindre la la partie opposée de la bobine. A ce moment, un mécanisme tord le fil et le coupe sans gêner son fonctionnement régulier pour la formation des bottes suivantes.

Cette invention aura une importance réelle dans les exploitations rapprochées des grandes villes, où l'on vend les fourrages et la paille en bottes.

La *fourche automatique* javeleuse de M. Lefebvre-Léger appartient aux outils de main-d'œuvre ; c'est à ce titre que nous en dirons un mot, étant plus applicable chez nous que la batteuse lieuse.

Cette fourche se compose de trois dents inférieures assez longues, permettant de ramasser les pailles et les fourrages fauchés en audains.

Dans le sens opposé, un rabatteur formé de deux dents retient les liens de la javelle à former ; une petite tige, destinée à les faire mouvoir, est adaptée au manche par une douille mobile.

Pour opérer, on place la main droite à la partie supérieure du manche et la gauche près de la douille qu'elle fait glisser, pour fermer ou pour ouvrir le rabatteur ; lorsque celui-ci maintient les tiges, un petit ressort le fixe dans cette position.

On peut alors assembler la javelle jusqu'à sa formation complète ; la main droite presse le ressort et la douille est ramenée à sa position, en relevant le rabatteur.

L'inventeur affirme qu'un seul homme fait 1,200 javelles en un jour avec cet instrument, qui se transforme en fourche simple en enlevant un écrou.

Botteleuse Guitton. — M. Guitton, constructeur à Corbeil (Seine-et-Oise), a inventé une botteleuse d'une simplicité admirable, pouvant être manœuvrée sans connaissances spéciales, et tout cultivateur peut s'en servir avec succès.

Pour faire la botte, l'on fixe des liens sous des ressorts placés au fond d'une caisse ou auge formant le plateau d'une romaine, sur laquelle on accumule du fourrage jusqu'à ce que le poids voulu soit atteint.

On abaisse alors sur le fourrage, au moyen de deux poignées, des ressorts en acier que l'on accroche à des pédales fonctionnant dans des guides. Le poids seul du pied et le léger effort de la jambe compriment le foin ou la paille et les mains restent libres pour nouer la pointe des liens.

La grande botteleuse fait des bottes de 30 à 35 kil., elle coûte 250 fr. ; la petite botteleuse peseuse ne coûte que 80 fr.

Pour les exploitations où l'on peut se contenter d'un à peu près et faire des bottes de paille ou de foin de 5 à 10 kil., M. Guitton livre ces machines à 55 fr.

Ajoutons que les grandes botteleuses sont sur des roulettes et peuvent, par conséquent, se transporter d'un fenil à un autre sans difficultés ; quant aux petites botteleuses, on les porte facilement à bras, sans avoir recours à des roulettes qui en augmenteraient le prix.

La maison Guilhem, de Toulouse, a aussi inventé une botteleuse fort simple pouvant former des bottes de 3 à 10 kil. dont les prix varient de 42 à 65 fr.

Les instruments de viticulture.

Les innombrables maladies qui, depuis quelques années, s'acharnent sur la vigne ne semblent pas avoir arrêté le développement donné à la fabrication des instruments spéciaux à la viticulture.

On rencontrait, en effet, un peu partout, des spécimens de taille à long bois, des instruments de taille, de greffe, divers systèmes d'échalassement, puis des charrues vigneronnes de modèles variés, des concasseurs, des égrappoirs, des pressoirs, des foudres, des tonneaux des pompes à vin. Cet ensemble n'aurait en rien laissé soupçonner que la vigne se trouve en ce moment aux prises avec son plus terrible ennemi, si, à côté des moyens de fécondation, on n'avait aperçu l'ensemble des instruments, des insecticides, des engrais chimiques destinés à détruire le phylloxera.

Du reste, à part des greffoirs, un découpeur de sarment, un pressoir de M. Terrel des Chênes et un concasseur-égrappoir de raisins de M. de la Loyère, chacune des spécialités de fabrication présentait sans doute des innovations ; rien de bien nouveau ne s'est produit.

Greffoir mécanique. — La greffe n'avait été appliquée qu'exceptionnellement à la vigne jusqu'à l'invasion du phylloxera, et l'on n'était pas arrivé à assurer plus de 30 % des reprises.

Depuis que l'on considère l'introduction des vignes américaines, résistant à l'insecte, comme l'unique moyen de renouveler nos vignes, on s'est préoccupé de rechercher un mode de greffe qui nous permit de conserver nos plants français.

On en a préconisé plusieurs, et quelques-unes d'entre elles assurent 90 ou 95 p. % de reprise, lorsqu'elles sont faites dans les meilleures conditions possibles.

La difficulté de trouver des ouvriers habiles a fait rechercher les moyens d'obtenir automatiquement, avec plus de rapidité et à meilleur marché, des résultats aussi avantageux.

Jusqu'à ce jour, deux machines à greffer ont été inventées : l'une, par M. Granjon, de l'Isère ; l'autre, par M. Auguste Petit, ingénieur civil à Pessac, près de Bordeaux.

Le greffoir Granjon a la forme d'un sécateur ; il est destiné à faire la greffe *en placage*, jugée supérieure à la greffe en approche, à celle en fente et même à la greffe anglaise, parce qu'on peut la pratiquer en tout temps sur des sujets de tout âge, sans compromettre, en cas de non réussite, l'existence de la souche.

Le greffoir Granjon coûte 12 fr., pris chez MM. Transon et Vallois, couteliers à Paris, rue Saint-Denis, 143, ou chez M. Larnaudie, régisseur à Saint-Jean de Bournay (Isère).

Le *greffoir Petit* opère indistinctement la greffe anglaise et la greffe Champin ; c'est une machine beaucoup plus compliquée que celle dont nous venons de parler ; mais elle opère avec une perfection remarquable ces deux greffes, qui exigent, pour réussir, une précision qu'ont seuls les praticiens les plus expérimentés.

Son prix, que la fabrication en grand permettra sans doute d'abaisser, est de 50 fr.

Le *découpeur de sarment* de M. Valck-Virey, de Saint-Dié (Vosges), monté sur brouette est destiné, comme l'indique son nom, à couper en menus fragments les sarments que l'on mélange aux engrais ou que l'on emploie seuls dans les creux des provins.

7

Le découpeur se compose d'un couteau en guillotine se mouvant facilement entre deux glissières verticales qui le maintiennent.

L'usage des sarments pour engrais a été conseillé comme un moyen de rendre au sol une partie de la potasse que la production des sarments lui a prise.

On sait en effet aujourd'hui que 1,000 kil. de raisins enlèvent au sol 7 kil. 475 gram. de potasse, le même poids de sarments 6 kil. 676 gr., celui des feuilles 7 kil. 970gr.

Le *pressoir Terrel de Chênes* n'est pas, à proprement parler, un pressoir de forme nouvelle, mais il s'applique dans des conditions différentes de celles connues jusqu'à ce jour.

M. Terrel remplace, en effet, la maie unique des pressoirs ordinaires par six cônes tronqués en fonte fixés au-dessous du plateau de pression. Ces cônes, lorsque le pressoir est mis en mouvement, compriment le marc déposé dans six bacs ou maies de plus grande dimension et à claire-voie, placés sur le tablier du pressoir.

En pénétrant dans la masse, les cônes pleins pressent le marc contre les parois latérales en même temps que sur le fond, et le liquide s'écoule par les claires-voies.

Aussitôt que la pression est complète, on relève le plateau de pression, et l'on remplace les bacs ou maies par d'autres, préparés à l'avance.

Le pressurage continue ainsi sans interruption et sans avoir besoin d'un nombreux personnel.

L'*égrappoir de la Loyère* opère dans d'excellentes conditions et deux hommes peuvent, dit-on, par son intermédiaire, égrapper les raisins de dix hectolitres de vin en un quart d'heure.

Ce résultat serait vraiment remarquable si, comme nous le pensons, l'expérience confirme les prévisions de l'inventeur.

L'EXPOSITION DES TABACS DE LA FRANCE
DU MINISTÈRE DES FINANCES
à l'Exposition universelle de Paris.

Peu après l'annexion de la Savoie à la France, une partie du département de la Haute-Savoie fut appelée à cultiver le tabac ; plus tard, le 22 avril 1864, grâce aux démarches de M. le marquis Costa de Beauregard, président du Conseil général, de M. de Boigne, député, et de M. Buloz, directeur de la *Revue des Deux-Mondes*, cette autorisation fut étendue à une partie du département de la Savoie.

La culture du tabac, d'abord permise dans les cantons d'Albens, d'Aix et de la Motte-Servolex, l'a été plus tard dans ceux de Montmélian, du Pont-de-Beauvoisin et de Saint-Genix.

C'est dans ces derniers cantons qu'elle a pris dès le début et conservé dès lors le plus grand développement.

Les départements qui, avec les deux Savoie, sont autorisés à cultiver le tabac sont : Meurthe-et-Mozelle, la Haute-Saône, les Vosges, le Puy-de-Dôme, l'Isère, la Dordogne, le Haut-Rhin, Lot-et-Garonne, le Pas-de-Calais, le Nord, Ille-et-Villaine, la Gironde, la Marne, les Alpes-Maritimes, le Var, les Bouches-du-Rhône, le Lot, en tout, 19 départements, plus l'Algérie.

Dans le pavillon du ministère des finances, les produits de ces divers centres étaient exposés avec des indications précises sur le nombre de planteurs, la superficie cultivée et le poids de la récolte obtenue chaque année.

Ces données statistiques nous ont paru devoir intéresser nos lecteurs, en permettant de déterminer le rang qu'occupe la Savoie dans la production du tabac en feuille, de la France.

Disons de suite que les tabacs récoltés sur notre sol servent spécialement à la fabrication des cigares et à celle du tabac à fumer, connu sous le nom de *scaferlati*.

Voici la donnée statistique s'appliquant à l'exercice 1877.

DÉPARTEMENTS.	Nombre de planteurs.	Nombre d'hectares plantés.	Produit total de la culture en 1877.	Produit moyen par hectare.
			k.	k. h.
Savoie................	1.040	155	233.874	1.508 10
Haute-Savoie...........	664	118	169.537	1.436 12
Meurthe-et-Moselle......	1.081	159	300.767	1.891 5
Haute-Saône...........	777	87	119.400	
Gironde...............	1.271	393	679.824	1.729 7
Marne................	55	19	42.366	2.227 3
Vosges...............	255	23	30.072	1.307 13
Puy-de-Dôme..........	1.511	33	54.935	1.664 8
Isère (essais).........	1.463	173	318.824	1.842 6
Dordogne.............	7.125	1.761	2.211.135	1.255 14
Haut-Rhin............	22	2	2.276	1.188 16
Lot-et-Garonne........	4.953	3.136	2.648.439	845 18
Pas-de-Calais..........	2.885	659	1.446.343	2.194 4
Nord................	722	407	1.147.404	2.819 1
Ille-et-Vilaine........	1.010	600	963.136	1.605 9
Alpes-Maritimes........	124	19	45.316	2.395 2
Var.................	98	50	57.792	1.155 15
Bouches-du-Rhône.....	136	27	40.025	1.482 11
Lot.................	7.420	1.635	1.734.889	1.061 17
TOTAUX.....	31.255	9.450	12.736.353	—

Il résulte de cette statistique que la Savoie occupe le 11e rang parmi les 19 départements admis à cultiver le tabac, avec 233,874 kil. de feuilles; ce total dépasse de 64,337 kil. la production de la Haute-Savoie, où cette culture a été autorisée peu après l'annexion.

Le Lot-et-Garonne est le département qui en produit le plus : 2,648,434 kil.; les Vosges, celui qui en fournit le moins : 30,072 kil.

Eu égard au nombre de planteurs, la Savoie, avec 1,040 déclarations, occupe le 8e rang; le Lot, placé au

1er, en a 7,420; les Vosges, avec 23, se trouvent en avoir le moins.

Si on considère les superficies, la Savoie, avec 155 hectares, occupe le 10e rang; le Lot-et-Garonne, qui en a 3,130, le 1er; la Marne et les Alpes-Maritimes, avec chacun 19 hectares, sont placés au dernier.

Le rendement par hectare varie entre 2,819 kil. obtenus dans le Nord et 845 kil. dans le Lot-et-Garonne; la Savoie a livré 1,508 kil. par hectare en 1877, avec lesquels elle se place au 10e rang, tandis que la Haute-Savoie, avec 1,436 kil. occupe le 12e.

Ces données générales nous conduisent naturellement à constater combien nos planteurs ont encore de chemin à parcourir, d'efforts à réaliser, pour atteindre les départements du Nord, des Alpes-Maritimes, de la Marne, du Pas-de-Calais, qui tous ont des rendements supérieurs à 2,100 kil. de feuilles et dont quelques-uns dépassent 2,800 kil.

Recherches des moyens d'augmenter le rendement actuel des plantations de tabac dans le département de la Savoie.

Le tabac, comme toutes les plantes à grands rendements, exige, pour atteindre le maximum de production que l'on est en droit d'en espérer, des soins spéciaux, des cultures préparatoires et d'entretiens, des fumures appropriées à ses exigences.

Pour toutes les plantes pivotantes, les labours profonds sont une nécessité; ces labours doivent être nombreux pour bien aérer et émietter le sol, et l'on sait que ce sont les labours d'hiver qui répondent de la manière la plus complète à ces exigences.

Il faut donc donner un ou deux labours d'hiver aux champs destinés à porter du tabac.

L'engrais sera enterré de bonne heure, en mars ou avril, et un dernier labour précédera la mise en place des jeunes replants.

Voilà pour les premières cultures.

Le fumier destiné au tabac demande aussi à être préparé longtemps à l'avance.

Le tas composé d'engrais de ferme, sera entassé en janvier; rien ne sera négligé pour que sa fermentation s'accomplisse dans les meilleures conditions possibles, c'est-à-dire qu'il sera tassé et arrosé en temps utile, de manière à faire naître la fermentation et à l'arrêter si elle se prolonge trop, puis les arrosages seront continus de quinzaine en quinzaine, afin que la moisissure n'atteigne aucune partie du tas.

Pour améliorer un tas de fumier par des arrosages, il est indispensable d'avoir à sa disposition une fosse à purin réunissant, non pas l'eau des toits, mais bien les excréments liquides des animaux, les matières fécales de la ferme; ce sont les purins qui donneront au fumier les plus fécondantes de ses qualités, celles qui lui font trop souvent défaut.

Ces purins contiennent, en effet, des phosphates, des sels de potasse et de soude, dont le tabac est très gourmand.

C'est, grâce à de fortes additions d'engrais minéraux, d'engrais commerciaux, que les départements du Nord et celui du Pas-de-Calais obtiennent de la culture du tabac les résultats remarquables que nous avons signalés.

Le moment où l'on enfouit le fumier n'est pas non plus indifférent à la réussite d'une plante; pour le tabac, il faut que l'engrais ait le temps de s'identifier avec le sol, de ne former qu'un tout homogène avant la plantation. On y arrivera en conduisant le fumier par un temps sec et en l'enfouissant en mars ou avril. Lorsqu'en mai on donnera le dernier labour, l'engrais se sera transformé en humus, et la plantation se fera dans les meilleures conditions de succès possibles.

En suivant ces conseils et en appliquant à la culture du tabac les soins d'entretien les plus minutieux, on aura, nous en sommes sûrs, des récoltes beaucoup plus rémunératrices que celles obtenues jusqu'à ce jour.

Extension de la culture du tabac dans le département.

La culture du tabac a été assez limitée jusqu'à ce jour, parce que l'extension donnée à la vigne absorbait la majeure partie de la main-d'œuvre et de l'engrais dont nous disposons.

Malheureusement, le moment n'est pas très éloigné où il nous faudra compter avec le phylloxera : nous serons très heureux alors d'avoir à notre disposition une culture industrielle déjà connue de nos cultivateurs, donnant sans aucun doute des résultats aussi avantageux que celle de la vigne.

Nous terminerons cette étude, en mettant en présence les résultats économiques de ces deux spécialités culturales.

Le rendement moyen d'un hectare de vigne en Savoie est de 28 hectolitres par hectare, portons-le à 35 fr. l'hectolitre, l'hectare rendrait annuellement 875 fr.

L'hectare de tabac a rendu en Savoie, en 1877, 1,508 kil. ; ce chiffre n'est pas élevé et nous pouvons l'adopter pour une moyenne ordinaire, la production ayant été portée à plus de 2,800 kil. cette même année dans le Nord. Si nous calculons ces 1,508 kil. au prix de 70 fr. les 100 kil., nous obtiendrons 1,055 fr., et à 80 fr., prix plus ordinaire, 1,206 fr.

Dans ces deux hypothèses, prises en dessous des prix moyens ordinaires, l'avantage reste comme produit brut à la culture du tabac.

Mais, dira-t-on, le tabac nécessite plus de frais de main-d'œuvre et en engrais que la vigne.

Pour nous, qui avons cultivé ces deux spécialités, nous ne sommes pas de cet avis ; car, si le tabac exige un sol fortement fumé, bien préparé et soigneusement nettoyé, en dehors des soins donnés à la plante et à ses feuilles, une bonne partie de ces avances profitera à la luzerne ou au céréales qui lui succéderont et l'on doit en tenir compte dans une comptabilité bien organisée.

D'un autre côté, si l'on met en parallèle le provignage et l'engrais que nécessite la vigne, la taille sèche en vert, l'ébourgeonnage, les relevages des pousses, puis les labours, les sarclages, la cueillette, le pressurage du raisin, la conservation du vin et son entretien ; enfin sa conduite au lieu de vente et les pertes inséparables de toutes opérations commerciales, nous ne doutons pas que l'avantage ne reste à la production du tabac, toujours vendu d'avance et au comptant à l'État.

TROISIÈME PARTIE

ARCHÉOLOGIE

L'espace considérable que l'archéologie occupait au Trocadéro et dans la section spéciale d'anthropologie et d'archéologie préhistorique a permis de juger du développement et des progrès réalisés dans ces études depuis quelques années. Si l'on a eu à regretter là division dans deux bâtiments assez éloignés de collections qui auraient gagné à être rapprochées pour l'étude, les séries étaient cependant assez complètes de part et d'autre pour présenter un ensemble suivi et une succession des époques, du développement industriel de l'homme et de l'emploi successif de la pierre et des métaux, faciles à saisir pour les visiteurs peu au fait de la science.

Au Trocadéro, figuraient les palafittes du Bourget, exposés par le Musée d'Annecy, rapprochés de ceux du lac de Bienne. Cette série, réunie par le docteur Gross, de Neuveville, est d'un intérêt tout particulier par les nombreux rapprochements qu'elle présente avec l'industrie du Bourget, les formes des armes et des instruments sont très rapprochées et souvent identiques.

En l'absence de l'exposant, cette collection avait été classée dans trois vitrines séparées, et les objets de la station de l'âge de la pierre rapprochés de ceux de l'âge

du bronze sans aucune séparation, tandis que les moules
étaient éloignés de ces derniers. Les poteries pré-
sentent les mêmes ornementations ; elles sont cependant
moins variées de forme que celles du Bourget ; les petits
vases (vases type du Bourget) ont une base plus large et
un fond plus arrondi et plus stable qui rend moins
nécessaire l'emploi des torches support qui y existent
cependant. Les lampes, les faisselles, les innombrables
fusaiolles, les poteries ornées d'étain s'y trouvent identiques ; ces dernières forment une particularité spéciale
aux lacs de Bienne et du Bourget. Les haches présen-
tent les deux formes à douilles et à oreillettes ; ces
dernières ont des types plus écrasés, — les marteaux
sont plus courts et plus carrés, — les faucilles sans
talons, à queue plus allongée, — les ciseaux plus grands
— les rasoirs ordinairement avec manches, — les cou-
teaux identiques, ceux à douille relativement moins
nombreux. — Je dois signaler l'absence des rivets, des
clous, des tranchets. Les hameçons de même forme
plus grands et plus forts, — les épées de deux types, à
coquille et à bouton. Les épingles sont généralement
plus grandes et plus grosses, celles à têtes sphériques,
en plus grande quantité. — Les bracelets creux présen-
tent la même ornementation et les mêmes formes avec
des dimensions plus développées, — l'ambre, la pierre,
le verre et l'or n'y sont pas plus abondants.

Les moulés d'un grès plus dur sont en parfait état
de conservation, plusieurs sont avec les deux parties.

Le Musée d'Annecy avait encore exposé les bronzes de
la fonderie de Meythet et les sépultures de Mont-Denis
représentant le premier âge du fer avec les cimetières
de St-Jean de Belleville, de Chindrieux et diverses pièces
de la Maurienne, exposées par M. le comte Costa Josselin.

A l'époque romaine, figuraient les plus belles pièces

du Musée de Chambéry : le Caducée et les doigts de statue en bronze découverts à Lémenc. Pour le moyen-age, nos anges d'ivoire et le dyptique grec du chapitre métropolitain de Chambéry étaient perdus au milieu des richesses réunies dans une longue suite de salles.

Parmi les riches séries de monnaie, j'ai noté spécialement la splendide suite de triens mérovingiens, appartenant à M. le comte Ponton d'Amécourt ; elle renfermait 13 Darentasia (Moûtiers) en or, 3 en potin ; 4 Maurienna (Saint-Jean de Maurienne) en or, et 5 Agauno (Saint-Maurice d'Agaune) également en or.

L'annexe de l'anthropologie était divisée en six salles d'inégale dimension : les deux premières, réservées à la démographie (statistique), aux séances du comité et aux travailleurs ; la troisième, dont l'installation a été faite par le docteur Topinard, était spécialement réservée à l'anthropologie. Parmi un grand nombre de séries et de pièces intéressantes, on remarquait des crânes avec trépanations cicatrisées et des ossements dans lesquels des pointes de traits en silex ont pénétré et se sont fixées sans amener la mort. Les blessures sont plus ou moins cicatrisées et le silex est souvent enfermé dans la matière osseuse reconstituée.

Les crânes savoyards, envoyés par les Musés d'Annecy et de Chambéry, occupaient une vitrine spéciale et apportaient de nouveaux éléments à l'étude des origines de notre race dont M. le docteur Hovelaque s'est plus particulièrement occupé. J'emprunte, à la brochure qu'il a publiée sur le crâne savoyard (1), ses principales considérations et les conclusions que les crânes recueillis dès lors ne sont pas venus modifier et qui ne pourront être absolues qu'après qu'il aura été possible

(1) Paris, E. LEROUX, 1877.

de se procurer des crânes provenant des hautes vallées,
moins soumises à l'influence des mélanges.

« Je remarque que, sous le rapport de la capacité des
crânes, les Savoyards peuvent être parfaitement rapprochés des Celtes (Auvergnats et Bas-Breton, p. 15).
Quelle que soit la position sous laquelle on envisage les
différents crânes savoyards, ils paraissent tous sous
une *forme globuleuse*, quelques-uns même sous une
forme presque parfaitement arrondie. Le plus léger
examen suffit à révéler leur brachycéphalie (p. 16).

*Les crânes bas-bretons, auvergnats et savoyards me
paraissent offrir trois variétés peu différentes d'une seule et
même race.* Si les Bretons et les Auvergnats sont les représentants de la *race celtique* des historiens de l'anti-
quité, les Savoyards, en tant que parents des Bretons et
des Auvergnats, ont donc droit, eux aussi, au nom de
Celtes (p. 27). S'il me faut le distinguer des deux pré-
cédents, je dirais qu'il est remarquable par ce fait que
tous les caractères de race sont chez lui plus accentués
que chez les deux autres : *le Savoyard, en ce qui concerne son crâne, est parent de l'Auvergnat et du Bas-
Breton, mais il présente plus frappants les caractères de la
race celtique* (p. 28). Je serais presque tenté de dire
qu'en éliminant du crâne bas-breton et du crâne auvergnat ce qu'ils ont d'éléments étrangers, d'éléments non
celtiques, on obtiendrait le crâne savoyard.

Le peu de croisement avec les races étrangères, une
large consanguinité et une suite d'alliance entre indivi-
dus appartenant à la même race, ont été les causes qui
ont présidé à la conservation de la pureté du type chez
les Savoyards de la montagne en y accentuant les différents caractères (p. 29). »

Dans la salle spécialement consacrée à la crânéologie,
les différents caractères signalés par M. Hovelaque

sont mis en évidence, et nous espérons bientôt pouvoir établir des comparaisons avec d'autres types obtenus par voie d'échange.

Continuant notre revue de l'exposition, nous pénétrons dans la grande salle réservée à l'archéologie préhistorique, sous la direction de M. Gabriel de Mortillet, l'obligeant et infatigable secrétaire de l'exposition anthropologique. Là se trouvaient réunies des séries nombreuses et très complètes des diverses périodes de l'âge de la pierre provenant de toutes les parties de la France et des pays étrangers. L'époque de la pierre éclatée était plus largement représentée que celle de la pierre polie dans laquelle la petite collection de Saint-Saturnin, et les haches trouvées isolément en Savoie ont passé inaperçues.

Il n'en était pas de même pour l'âge du bronze. Les vitrines lacustres du Bourget formaient comme un centre autour duquel avaient été groupées les diverses découvertes de cet âge, réunies et disposées sous la direction de M. Ernest Chantre. Plusieurs fois, dans ses causeries scientifiques, M. de Mortillet s'est longuement arrêté devant les trois vitrines qui renfermaient la collection de M. Rabut, et la collection collective et méthodiquement classée de M. le comte Costa Josselin, de M. le duc de Chaulnes, des Musées d'Aix et de Chambéry, à l'installation de laquelle M. le comte Costa avait bien voulu consacrer tous ses soins. Cette dernière présentait un ensemble très complet de la civilisation, des habitants primitifs du lac du Bourget et de leurs diverses industries, représentées par un ensemble de spécimens variés et choisis.

L'exposition terminée, M. le comte Costa voulut encore présider à l'emballage et à la réexpédition de nos caisses qui nous arrivèrent sans gros dommages, bien qu'une partie eut été bouleversée par l'orage la veille de la clôture de l'exposition et préservée par MM. de Mortillet et Chantre d'une destruction imminente,

Les cités lacustres de la Suisse avaient toutes leurs principaux types d'instruments représentés dans la série exposée par M. le docteur Desor, ce qui nous a permis de faire des rapprochements nombreux et de recueillir d'intéressantes notions sur l'emploi de quelques-uns d'entre eux,

Au centre de la salle préhistorique, des vitrines plates renfermaient un certain nombre de fonderies de l'âge de bronze, parmi lesquelle celle de Drumettaz-Clarafond, exposées par M. le docteur Davat, d'Aix, et le Musée de Chambéry.

Des costumes, des photographies, des tableaux, des dessins et des cartes d'étude et de comparaison, groupés par pays, par anciennes provinces ou par département, offraient de précieux éléments d'étude.

Parmi les cartes qui présentaient un intérêt particulier pour nos pays, nous citerons : les cartes des anciens glaciers des Alpes, dressées par MM. Chantre et Falsan, sur lesquelles les anciens glaciers de la Savoie, leurs morraines, les blocs erratiques, vestiges de leur passage, tiennent une place considérable. Nous espérons posséder bientôt au Musée ce patient et consciencieux travail qui permet en quelque sorte de toucher du doigt l'étendue de ces immenses champs de glace sous lesquels nos pays étaient ensevelis, alors que le plateau central de la France était déjà habité par l'homme.

Les cartes préhistoriques, grâce à l'emploi de plus en plus général des signes conventionnels de la commission internationale, proposés par M. Chantre et revus par M. de Mortillet et par lui, présentaient un champ d'étude aussi étendu que facile à saisir. Nos pays figuraient sur les cartes des gisements de l'âge du bronze et des armes de la même époque en France, complément du grand travail consacré par M. Chantre à un âge dont on a voulu nier l'existence.

Au point de vue pratique, il convient de dire que les frais nécessités par l'exposition ont été largement compensés par des nombreux avantages. Nos stations lacustres du Bourget, sur lesquelles l'attention des archéologues à déjà été appelée par d'importantes publications, ont pris une place plus grande dans la question de l'existence de l'âge du bronze en France dont ils représente le développement le plus complet.

Nous avons vu en outre augmenter nos collections par des dons et des échanges. M. le duc de Chaulnes a bien voulu donner au Musée de Chambéry sa belle série du Bourget, qui est venue compléter notre salle lacustre, en y ajoutant des objets de premier ordre : moules, matrices, poteries ornées d'étain, bronzes, etc.

La Commission départementale nous a gracieusement offert les costumes du pays quelle avait fait exécuter et la vitrine qui les contenait.

Par échange, nous avons reçu une belle série de silex et instruments des grottes de Menthon, de M. Rivière, et en attendons d'autres encore.

Les Délégués,

P. TOCHON, *Président du Comité départemental,*
V. BARBIER, *Secrétaire,*   *id.*
A. PERRIN, *Conservateur du Musée, Officier d'Académie.*